संजीव कपूर

कबाब लाजवाब!

अल्योना कपूर के सहयोग से

AF513062

PopulaR Prakashan
www.popularprakashan.com

राजपाल

खाना खज़ाना पब्लिकेशन्स प्रा. लि. के लिए
पॉप्युलर प्रकाशन प्रा. लि. द्वारा प्रकाशित
पॉप्युलर प्रकाशन प्रा. लि.
301, महालक्ष्मी चेम्बर्स,
22, भुलाभाई देसाई रोड, मुंबई - 400 026

© 2015 संजीव कपूर
प्रथम प्रकाशन 2015

वैश्विक अधिकार सुरक्षित - इस पुस्तक में प्रस्तुत व्यंजनों के नुस्खे, फोटो, रेखाचित्र आदि पूर्णतः मौलिक हैं, जिनके सभी अधिकार सुरक्षित हैं. लेखक तथा प्रकाशक की लिखित अनुमति के बिना, इसके किसी भी अंश का पुनर्लेखन, उपयोजना या प्रसारण (इलेक्ट्रॉनिक, यांत्रिक, फोटो कॉपी या रेकॉर्डिंग द्वारा) अवैध है.

ISBN: 978-93-5064-316-7

अनुवाद : अश्विनी पटवर्धन
रूपरेखा : अंजली सावंत
रेखांकन : व्हाइट स्पेस क्रिएशन्स
छायाचित्रण : आरती माणिक, अलिम बोलर, भरत भिरंगी, मंगेश परब, मुकेश मुनिम, सतीश परब

भारत में मुद्रित
सौरभ प्रिंटर्स प्रा. लि.
67 ए-68, इकोटेक , एक्सटेंशन-1
कासना, ग्रेटर नोएडा

सह-प्रकाशक
राजपाल एण्ड सन्ज़
कश्मीरी गेट, दिल्ली - 110006
Website: www.rajpalpublishing.com
Email: sales@rajpalpublishing.com

लेखक की कलम से

कबाब, साटे स्टिक्स या सीक़ों का इस्तेमाल कर बनने वाला यह स्वादिष्ट व्यंजन मध्य एशिया की देन है. विभिन्न शैलियों से बनाया जाने वाला यह लोकप्रिय व्यंजन तेजी से दुनिया के अन्य भागों तक फैल गया है. भारत में भी यह काफी पसंद किया जाता है. इंग्लिश में कबाब का अर्थ होता है सीखों पर पका मांस या गोश्त. जबकि मध्य एशिया में खुली आंच पर पकाए जाने वाले मांस को कबाब कहा जाता है. पारम्परिक रूप से कबाब मेमने के गोश्त से बनाया जाता था परंतु अब स्वाद और पसंद के आधार पर इसे कई तरह की सब्ज़ियों, बकरी के गोश्त, चिकन और फिश से बनाया जाने लगा है.

कबाब की मुख्य सामग्री या मांस को मैरिनेट करने के लिए इस्तेमाल किए जाने वाले दही में विभिन्न प्रकार के ताज़े पिसे मसाले मिलाए जाते हैं. मांस को नरम व मुलायम बनाने के लिए कभी-कभी कच्चा पपीता भी इस्तेमाल किया जाता है. कबाब को सामान्यतः पुदीने की पत्तियों से सजाया जाता है और प्याज़ व भारतीय रोटियों के साथ परोसा जाता है.

कबाब के विभिन्न रूप जैसे भुट्टा सीक़ कबाब, चिकन मखमली कबाब, दही के कबाब और गलौटी कबाब बनाइए और अपने दोस्तों व रिश्तेदारों से वाहवाही लूटिए.

हैप्पी कबाब-मेकिंग!

Sanjeev Kapoor

अनुक्रमणिका

शाकाहारी कबाब

मांसाहारी कबाब

वेजिटेबल शामी कबाब

200 ग्राम कंद (सूरण), 1 इंच के टुकड़ों में कटा हुआ
2 मध्यम आकार के आलू, 1 इंच के टुकड़ों में कटे हुए
1 बड़ी गाजर, कद्दूकस की हुई
10–12 फ्रेंचबींस (फ़रासबीन), बारीक कटी हुई
¼ कप हरे मटर, दरदरे पीसे हुए
4 बड़े चम्मच चने की दाल, भिगोयी हुई
1 छोटा चम्मच जीरा
1 इंच अदरक, बारीक कटा हुआ
2–3 हरी मिर्चें, बारीक कटी हुई
नमक स्वादानुसार
2 बड़े चम्मच कटा हुआ ताज़ा हरा धनिया
¼ छोटा चम्मच हल्दी
½ छोटा चम्मच गरम मसाला पाउडर
½ छोटा चम्मच लाल मिर्च पाउडर
5 छोटे चम्मच नींबू का रस

1. चने की दाल निथारें और फिर उसे एक नॉन-स्टिक पैन में डाल दें.
2. इसमें कंद, आलू और डेढ़ कप पानी डालें. ढककर नरम और सूखा हो जाने तक पकाएं.
3. एक और नॉन-स्टिक पैन गरम करें. इसमें जीरा डालें और उसे हल्का-सा भून लें. फिर गाजर, फ्रेंचबींस, हरे मटर, अदरक, हरी मिर्चें और नमक डालकर मध्यम आंच पर दो मिनट तक भूनें. मिश्रण को एक प्लेट में निकालकर ठंडा होने के लिए अलग रख दें.

4. चने की दाल के मिश्रण और भुनी हुई सब्ज़ियों के मिश्रण को एक साथ पीसकर चिकना मिश्रण तैयार कर लें.
5. इस तैयार मिश्रण में कटा हुआ हरा धनिया, हल्दी, गरम मसाला पाउडर, मिर्च पाउडर और नींबू का रस डालकर अच्छी तरह मिलाएं. चखकर मसाले स्वादानुसार कर लें.
6. मिश्रण के सोलह समान भाग करें और उनके गोले बना लें. इन गोलों को हथेलियों पर रखकर चपटा करें और कबाब का आकार दे दें. इन्हें एक घंटे तक फ्रिज में रखें.
7. एक नॉन-स्टिक फ्राइंग पैन गरम करें और उस पर कबाब को दोनों तरफ से सुनहरा भूरा होने तक पकाएं.
8. हरी चटनी (नीचे देखें) के साथ गरमागरम वेजिटेबल शामी कबाब सर्व करें.

हरी चटनी

1 कप ताज़ा हरा धनिया, ½ कप ताज़े पुदीना, 2-3 हरी मिर्चों, स्वादानुसार काला नमक, ¼ छोटा चम्मच शक्कर और 1 बड़ा चम्मच नींबू के रस को चिकना होने तक मिक्सर में पीसें. आवश्यक हो तो पीसते समय थोड़ा-सा पानी डालें.

भुट्टा सीक़ कबाब

8 बेबीकॉर्न के भुट्टे, लंबाई में दो टुकड़े किए हुए
250 ग्राम पनीर
5-6 हरी मिर्चें, कटी हुई
1 छोटा चम्मच अदरक-लहसुन पेस्ट
3 बड़े चम्मच कटा हुआ ताज़ा हरा धनिया
1 इंच अदरक, कटा हुआ
1 छोटा चम्मच कश्मीरी मिर्च पाउडर
1 बड़ा चम्मच गरम मसाला
2 छोटे चम्मच चाट मसाला
1 छोटा चम्मच तंदूरी मसाला
4 ब्रेड की स्लाइस, भिगोकर चूरा की हुई
नमक स्वादानुसार
तेल, शैलो-फ्राय करने के लिए

1. बेबीकॉर्न के भुट्टों को दो कप पानी में ब्लांच कर लें. निथारकर ठंडे होने के लिए अलग रख दें.
2. एक बड़े व गहरे बाउल में पनीर लेकर उसे अच्छी तरह मसल लें. फिर इसमें हरी मिर्चें, अदरक-लहसुन पेस्ट, कटा हुआ हरा धनिया, अदरक, लाल मिर्च पाउडर, गरम मसाला, चाट मसाला, तंदूरी मसाला, ब्रेड का चूरा और नमक डालें. गूंधकर चिकना मिश्रण तैयार कर लें.
3. तैयार मिश्रण के सोलह समान भाग कर लें. फिर इनके डेढ़ इंच मोटे और लंबोतरे कबाब बना लें. अब प्रत्येक कबाब में बेबीकॉर्न का लंबा टुकड़ा इस प्रकार घुसाएं कि बेबीकॉर्न का दो इंच भाग कबाब के बाहर रहे.
4. एक नॉन-स्टिक तवा गरम करें. कबाब को तवे पर रखें और तवे पर कबाब के चारों ओर थोड़ा तेल डालें. कबाब को सुनहरा भूरा होने तक शैलो-फ्राय कर लें. कबाब को बार-बार पलटते रहें ताकि वह सब तरफ से एक समान रूप से पक सके. केचअप के साथ गरमागरम भुट्टा सीक़ कबाब सर्व करें.

हरे मटर और पनीर के शामी कबाब

½ कप हरे मटर, दरदरे पीसे हुए
350 ग्राम पनीर
300 ग्राम कंद, उबालकर मसला हुआ
1 बड़ा चम्मच तेल + शैलो-फ्राय करने के लिए
1 छोटा चम्मच जीरा
1 इंच अदरक, कटा हुआ
6 हरी मिर्चें, कटी हुई
नमक स्वादानुसार
2 बड़े चम्मच कटा हुआ ताज़ा हरा धनिया
¼ छोटा चम्मच हल्दी
1 छोटा चम्मच गरम मसाला
1½ छोटा चम्मच लाल मिर्च पाउडर
½ छोटा चम्मच चाट मसाला
½ छोटा चम्मच आमचूर पाउडर
2 बड़े चम्मच कॉर्नफ्लॉर

1. पनीर कद्दूकस करें और फिर हाथों से मसलकर उसे चिकना कर लें. एक नॉन-स्टिक पैन में एक बड़ा चम्मच तेल गरम करें. इसमें जीरा डालें. जीरे का रंग बदलने पर हरे मटर, अदरक, हरी मिर्चें और नमक डालकर मध्यम आंच पर दो मिनट तक भूनें. फिर इसे एक प्लेट में निकालकर ठंडा होने के लिए एक तरफ रख दें.
2. एक बड़ा बाउल लेकर उसमें पनीर, भुने हुए मटर, कंद, कटा हुआ हरा धनिया, हल्दी, गरम मसाला, लाल मिर्च पाउडर, चाट मसाला, आमचूर पाउडर और कॉर्नफ्लॉर को अच्छी तरह मिला लें. चखकर मसाले स्वादानुसार कर लें.

3. मिश्रण के सोलह समान भाग कर लें और फिर उनके नींबू के आकार के गोले बना लें. गोलों को हथेलियों के बीच रखकर हल्के से दबाएं और कबाब बना लें.
4. एक नॉन-स्टिक फ्राइंग पैन में तेल गरम करें और उसमें कबाब को मध्यम आंच पर सुनहरा भूरा होने तक शैलो-फ्राय करें. निकालकर तेल सोखने वाले कागज़ पर रखें. हरी चटनी (पृष्ठ क्र. 7) के साथ गरमागरम कबाब सर्व करें.

सोया शामी कबाब

1¼ कप सोया वड़ी
4 लौंग
1 इंच दालचीनी
1 तेज पत्ता
1 छोटा चम्मच अनार दाना
1 बड़ा चम्मच तेल + तलने के लिए
1 इंच ताज़ा अदरक, छीलकर, कद्दूकस किया हुआ
5 लहसुन की कलियां, छीलकर काटी हुई
4 सूखी लाल मिर्चें, दो टुकड़े किए हुए
2 हरी मिर्चें, कटी हुई
½ कप चने की दाल
नमक स्वादानुसार
1 कप ब्रेडक्रम्ब्स्

1. सोया वड़ी को गरम पानी में लगभग बीस मिनट तक भिगोएं. फिर निचोड़कर अतिरिक्त पानी निकाल दें.
2. एक कपड़े में लौंग, दालचीनी और तेज पत्ते को बांधकर उसकी छोटी पोटली बना लें. अनारदाने को बारीक पीस लें.
3. एक नॉन-स्टिक पैन में एक बड़ा चम्मच तेल गरम करें. इसमें मसाले की पोटली डालें और दो मिनट तक भूनें. फिर इसमें अदरक, लहसुन, लाल मिर्चें और हरी मिर्चें डालकर और दो-तीन मिनट तक चलाएं.
4. सोया वड़ी और चने की दाल डालें और पांच मिनट तक भूनें. फिर एक कप पानी डालें और अच्छी तरह मिलाएं. धीमी आंच पर तब तक पकाएं जब तक कि दाल पककर सूखी न हो जाए.
5. इस मिश्रण को पूरी तरह ठंडा होने दें. फिर पोटली निकाल दें और मिश्रण की मिक्सर में बारीक पेस्ट बना लें.
6. अनार दाने के पाउडर, नमक और ब्रेडक्रम्ब्स् डालकर मिश्रण को अच्छी तरह गूंध लें.
7. इसके बराबर भाग कर लें. प्रत्येक भाग की गोल टिक्की बना लें.
8. नॉन-स्टिक कड़ाही में तेल गरम करें. इसमें टिक्कियां डालें और मध्यम आंच पर इन्हें सुनहरी भूरी और कुरकुरी होने तक तलें. निकालकर तेल सोखने वाले कागज़ पर रखें.
9. चटपटे सॉस के साथ गरमागरम टिक्की सर्व करें.

राजमा गलौटी कबाब

1 कप लाल राजमा

8 काजू

1 बड़ा चम्मच चिरोंजी

¾ बड़ा चम्मच खसखस

½ छोटा चम्मच शाही जीरा

4 छोटी इलायची

3 बड़ी इलायची

2 लौंग

1 इंच दालचीनी

एक बड़ी चुटकी केसर

¼ छोटा चम्मच केवड़े का एसेंस

1 बड़ा चम्मच देसी घी + शैलो-फ्राय करने के लिए

½ इंच अदरक, कटा हुआ

5 लहसुन की कलियां, कटी हुई

3 हरी मिर्चें, कटी हुई

2 बड़े चम्मच कद्दूकस किया हुआ खोया/मावा

½ छोटा चम्मच सफ़ेद मिर्च पाउडर

नमक स्वादानुसार

½ बड़ा चम्मच नींबू का रस

1 ताज़े पुदीने की टहनी

1 मध्यम आकार का प्याज़, गोल फांकों में काट कर छल्ले अलग किए हुए

1. राजमा को पांच कप पानी में रात भर भिगोकर रखें. पर्याप्त पानी लेकर उसमें राजमा को नरम हो जाने तक उबालें. निथारकर एक तरफ रख दें.
2. काजू, चिरोंजी और खसखस को सूखा भून लें. इसमें थोड़ा-सा पानी डालें और पीसकर चिकनी पेस्ट बना लें.
3. शाही जीरे, छोटी व बड़ी इलायची, लौंग और दालचीनी को भी सूखा भून लें. ठंडा करें और फिर इसका बारीक पाउडर बना लें. केसर को केवड़े के एसेंस में भिगोएं.
4. एक नॉन-स्टिक पैन में एक बड़ा चम्मच घी गरम करें. इसमें अदरक और लहसुन डालकर उन्हें कुछ सेकेंड तक भूनें. हरी मिर्चें डालकर एक मिनट तक भूनें.
5. राजमा डालकर तीन से चार मिनट तक पकाएं. फिर इसमें काजू की पेस्ट डालें और चार से पांच मिनट तक भूनें. मावा, सफ़ेद मिर्च पाउडर और नमक डालकर चार से पांच मिनट तक और भूनें.
6. आंच पर से उतारकर ठंडा होने दें. ठंडा होने पर राजमे की चिकनी पेस्ट बना लें. (यदि राजमा की पेस्ट गाढ़ी न हो तो घी डालकर उसे गाढ़ी होने तक पकाएं.)
7. फिर इसमें मसालों का पाउडर और भिगोया हुआ केसर डालें. चखकर नमक स्वादानुसार कर लें. नींबू का रस डालें और अच्छी तरह मिला लें. मिश्रण के बराबर भाग कर लें और फिर उन्हें हल्के से दबा दें.
8. एक नॉन-स्टिक फ्राइंग पैन में पर्याप्त मात्रा में घी गरम करें और उसमें इन पेटिस को दोनों तरफ से हल्के भूरे होने तक शैलो-फ्राय करें. पुदीने की पत्तियों और प्याज़ के छल्लों से सजाएं.
9. अपनी पसंद की चटनी के साथ सर्व करें.

दही के कबाब

½ कप पानी निकाला हुआ दही (चक्का)

5 फ्रेंचबींस, उबालकर मसली हुई

½ कप हरे मटर, उबालकर मसले हुए

9 छोटे आलू, उबालकर, छीलकर मसले हुए

2 बड़े चम्मच तेल + तलने के लिए

1 इंच अदरक, कटा हुआ

1 हरी मिर्च, कटी हुई

1 छोटा चम्मच गरम मसाला

1½ बड़े चम्मच कटा हुआ ताज़ा हरा धनिया

नमक स्वादानुसार

2½ बड़े चम्मच कॉर्नफ्लॉर

1 कप ब्रेडक्रम्ब्स्

1. एक नॉन-स्टिक पैन में मध्यम आंच पर दो बड़े चम्मच तेल गरम करें. इसमें अदरक व हरी मिर्च डालकर कुछ देर तक भूनें.
2. फिर फ्रेंचबींस पेस्ट और हरे मटर की पेस्ट डालें और दो मिनट तक चलाएं.
3. आलू, गरम मसाला, हरा धनिया और नमक डालें. अच्छी तरह से मिलाकर ठंडा होने के लिए एक तरफ रख दें.
4. अब इसमें कॉर्नफ्लॉर डालें और अच्छी तरह से मिलाएं. इसके आठ बराबर भाग कर लें और उनके गोले बना लें.
5. चक्के के आठ बराबर भाग कर लें. हथेलियों को गीला करें और उस पर आलू के मिश्रण का एक भाग रखें. हल्के से फैलाकर उसकी छोटी पूरी बना लें. इस पूरी के बीच में चक्का का एक भाग रखें. किनारों को पास में लाएं और अच्छी

तरह बंद कर दें. ध्यान रहे कि चक्का आलू के मिश्रण से पूरी तरह कवर हो गया हो. इसका एक गोला बना लें और फिर उसे हल्के से दबा दें.

6. तैयार कबाब को ब्रेडक्रम्ब्स् में लपेट लें. ब्रेडक्रम्ब्स् कबाब पर अच्छी तरह से चिपक जाने चाहिए.
7. एक नॉन-स्टिक कड़ाही में पर्याप्त मात्रा में तेल गरम करें. इसमें कबाब डालें और इन्हें मध्यम आंच पर थोड़ी देर तक सब तरफ से भूरे हो जाने तक तलें. निकालकर तेल सोखने वाले कागज़ पर रखें.
8. अपनी मनपसंद चटनी के साथ गरमागरम दही के कबाब सर्व करें.

हरा-भरा कबाब

200 ग्राम ताज़ा पालक, ब्लांच करके काटा हुआ
¾ कप हरे मटर, उबालकर मसले हुए
3 आलू, उबालकर कद्दूकस किए हुए
2 हरी मिर्चें, कटी हुई
2 बड़े चम्मच कटा हुआ ताज़ा हरा धनिया
1 इंच अदरक, कटा हुआ
1 छोटा चम्मच चाट मसाला
नमक स्वादानुसार
2 बड़े चम्मच कॉर्नफ्लॉर
2 बड़े चम्मच तेल

1. एक बड़े बाउल में पालक, हरे मटर और आलुओं को मिला लें. इसमें हरी मिर्चें, कटा हुआ हरा धनिया, अदरक, चाट मसाला और नमक डालें. कॉर्नफ्लॉर डालें और अच्छी तरह मिला लें.
2. मिश्रण के बारह बराबर भाग कर लें. प्रत्येक भाग का एक गोला बना लें और फिर हथेलियों के बीच रखकर हल्के से दबाकर उसकी चपटी पेटीस बना लें.
3. एक नॉन-स्टिक फ्राइंग पैन गरम करें और उसमें एक छोटा चम्मच तेल डालें. फिर पैन में छह कबाब को एक दूसरे से थोड़ी दूरी पर रखें. कबाब के चारों ओर एक छोटा चम्मच तेल छोड़ें और कबाब को लगभग दो से तीन मिनट तक या निचली सतह सुनहरी भूरी होने तक पकाएं.
4. फिर पलट दें और फिर से पैन में एक छोटा चम्मच तेल डालें और कबाब को और दो से तीन मिनट तक या दूसरी साइड भी सुनहरी भूरी हो जाने तक पकाएं. निकालकर तेल सोखने वाले कागज़ पर रखें. बाकी बचे छह कबाब भी इसी तरह बना लें. गरमागरम हरे-भरे कबाब सर्व करें.

फ्रूट कबाब

1 बड़ा सेब, 1½ इंच के टुकड़े किया हुआ

1 बड़ा कीवी, 1½ इंच के टुकड़े किया हुआ

2 बड़े केले, 1½ इंच के टुकड़े किए हुए

2 अनन्नास की फांकें, 1½ के टुकड़े किए हुए

5 आलू बुखारे, गुटली निकालकर 1½ इंच के टुकड़े किए हुए

मैरिनेड

¼ कप शहद

3 बड़े चम्मच नींबू का रस

3 बड़े चम्मच ब्राउन शुगर

नमक स्वादानुसार

2 बड़े चम्मच जैतून का तेल

1. मैरिनेड बनाने के लिए एक छोटा बाउल लेकर उसमें शहद, नींबू का रस, ब्राउन शुगर, नमक और जैतून के तेल को अच्छी तरह मिला लें.
2. फलों के टुकड़ों को सीक़ों में निम्न क्रम में पिरोएं : सेब, कीवी, केला, अनन्नास और आलू बुखारा. फलों पर मैरिनेड डालें.
3. एक तवे को तेज़ आंच पर गरम करें. इस पर सीक़ें रखें और उन्हें गोल-गोल घुमाते हुए फलों के सब तरफ से अच्छी तरह से पक जाने तक पकाएं. फिर सीक़ों पर बचा हुआ मैरिनेड डालें और फलों के अच्छी तरह पककर सुनहरे हो जाने तक पकाएं. इन्हें अनन्नास की चटनी (पृष्ठ क्र. 95) के साथ गरमागरम सर्व करें.

पनीर साटे

500 ग्राम पनीर, 2 इंच मोटे व लंबे टुकड़ों में कटा हुआ
नमक स्वादानुसार
2 बड़े चम्मच सोया सॉस
1 छोटा चम्मच नींबू का रस
4 लहसुन की कलियां, कुचली हुई
1 इंच अदरक, कुचला हुआ
2 छोटा चम्मच ब्राउन शुगर
2 छोटा चम्मच शहद
तेल, लगाने के लिए

पीनट सॉस

1 बड़ा चम्मच तेल
1 छोटा प्याज़, कटा हुआ
½ इंच अदरक, कुचला हुआ
4 लहसुन की कलियां, कुचली हुई
1 बड़ा चम्मच सोया सॉस
6 बड़े चम्मच पीनट बटर
4 बड़े चम्मच नारियल का दूध (पृष्ठ क्र. 23 पर देखें)
1 बड़ा चम्मच नींबू का रस
नमक स्वादानुसार
1 बड़ा चम्मच शहद
1 ताज़ा लाल मिर्च, बीज निकालकर काटी हुई

1. पनीर के लंबे टुकड़ों को एक बड़े बाउल में रखें. इन पर नमक, सोया सॉस, नींबू का रस, लहसुन, अदरक, ब्राउन शुगर और शहद डालें. अच्छी तरह से मिला लें. टुकड़ों को मैरिनेट होने के लिए एक घंटे तक फ्रिज में रखें.
2. साटे स्टिक्स को कम से कम पंद्रह मिनट तक पानी में भिगोकर रखें.
3. नॉन-स्टिक ग्रिडल या तवा गरम करें. मैरिनेट किए हुए पनीर के टुकड़ों को साटे स्टिक्स में पिरोएं और फिर उन्हें ग्रिडल पर रख दें. बचा हुआ मैरिनेड पनीर के टुकड़ों पर डाल दें. साटे स्टिकस को पलटते रहें ताकि पनीर के टुकड़े सब तरफ से समान रूप से पककर भूरे हो जाएं.
4. पीनट सॉस बनाने के लिए एक नॉन-स्टिक पैन में तेल गरम करें. इसमें प्याज़ डालें और थोड़ी देर तक भूनें.
5. फिर इसमें अदरक और लहसुन डालकर थोड़ी देर और भूनें. सोया सॉस, पीनट बटर और दो बड़े चम्मच पानी डालें. नारियल का दूध, नींबू का रस, नमक और शहद डालकर अच्छी तरह से मिला लें.
6. कटी हुई लाल मिर्च डालें और फिर आंच पर से उतार लें. पनीर साटे को सॉस के साथ सर्व करें.

नारियल का दूध

1 कप कद्दूकस किए हुए नारियल में ¼ कप गरम पानी डालें और मिक्सर में इसे अच्छी तरह पीस लें. पीसे हुए नारियल को एक कपड़े या छलनी से छान लें ताकि गाढ़ा दूध निकाला जा सके. छने हुए नारियल के बूरे में फिर से ¼ कप गरम पानी डालें और छानकर दूसरा या पतला दूध प्राप्त करें.

मशरूम एन्ड पनीर कबाब

14-16 बटन मशरूम

200 ग्राम पनीर, 1½ इंच के चौकोर टुकड़ों में कटा हुआ

18-20 चेरी टमाटर

2 बड़ी शिमला मिर्च, बीज निकालकर

1 इंच के टुकड़ों में कटी हुई

3 मध्यम आकार के प्याज़, 1 इंच के टुकड़े किए हुए

2 इंच अदरक

8-10 लहसुन की कलियां

2-3 हरी मिर्चें, बीज निकालकर मोटी काटी हुई

2 छोटे चम्मच तेल

1 छोटा चम्मच रेड चिली फ्लेक्स

2 छोटे चम्मच शहद

1 छोटा चम्मच जीरा पाउडर

1 छोटा चम्मच गरम मसाला

नमक स्वादानुसार

2 छोटे चम्मच नींबू का रस

1 छोटा चम्मच चाट मसाला

1. अदरक, लहसुन और हरी मिर्चों को पीसकर उनकी बारीक पेस्ट बना लें. एक बाउल लेकर उसमें तेल, अदरक-लहसुन-हरी मिर्च पेस्ट, रेड चिली फ्लेक्स, शहद, जीरे, गरम मसाले, नमक, नींबू के रस और चाट मसाले को अच्छी तरह मिला लें.
2. पनीर, बटन मशरूम, चेरी टमाटर, शिमला मिर्च और प्याज़ के टुकड़ों को इस मिश्रण में लगभग एक घंटे तक मैरिनेट करें. लकड़ी की 8 इंच लंबी साटे स्टिक्स लें और उन्हें पानी में लगभग आधे घंटे तक भिगोकर रखें.

3. आधे घंटे बाद उन्हें पानी में से निकालें और उनमें मैरिनेट किए हुए पनीर के टुकड़े, मशरूम, चेरी टमाटर, शिमला मिर्च और प्याज़ के टुकड़े एक के बाद एक पिरोएं. इन्हें कोयलों के अंगारों पर या सीधे गैस की आंच पर पांच मिनट तक पकाएं.
4. इन्हें लगातार पलटते रहें ताकि सब्ज़ियां सब तरफ से समान रूप से पकें. या फिर आप इन साटे स्टिक्स को पहले से गरम किए हुए अवन में लगभग पंद्रह मिनट तक पकाएं. गरमागरम परोसें.

रौनक–ए–सीक़

3 मध्यम आकार की गाजर, छीलकर कद्दूकस की हुई
12 लंबी व पतली सेम, रेशे निकालकर काटी हुई
125 ग्राम गोभी, कद्दूकस की हुई
1 मध्यम आकार की हरी शिमला मिर्च, कटी हुई
1 कप हरे मटर, ब्लांच करके मसले हुए
100 ग्राम अमेरिकन कॉर्न, ब्लांच करके मसले हुए
3 मध्यम आकार के आलू, उबालकर छीलकर मसले हुए

6 बड़े चम्मच तेल
1 छोटा चम्मच शाही जीरा
6 हरी मिर्चें, बारीक टुकड़े किए हुए
1 बड़ा चम्मच अदरक पेस्ट
1 बड़ा चम्मच लहसुन पेस्ट
1 छोटा चम्मच गरम मसाला
1 छोटा चम्मच नमक

1 छोटा चम्मच सफ़ेद मिर्च पाउडर

4 बड़े चम्मच भुने हुए चनों का पाउडर

2 छोटे चम्मच नींबू का रस

2 छोटे चम्मच चाट मसाला

1. लकड़ी की सीक़ों (साटे स्टिक्स) को कम से कम पंद्रह मिनट तक पानी में भिगोकर रखें.
2. गैस पर मध्यम आंच पर एक नॉन-स्टिक कड़ाही गरम करें. इसमें तीन बड़े चम्मच तेल डालें. शाही जीरा डालें और दस सेकेंड तक इसे भूनें. फिर हरी मिर्च, अदरक पेस्ट और लहसुन पेस्ट डालकर तीस सेकेंड तक भूनें.
3. गाजर, सेम, गोभी और शिमला मिर्च डालकर आठ से दस मिनट तक या नमी उड़ जाने तक पकाएं.
4. फिर हरे मटर, अमेरिकन कॉर्न और आलू डालकर अच्छी तरह से मिलाएं. गरम मसाला, नमक और सफ़ेद मिर्च पाउडर डालें और फिर से मिलाएं. भुने हुए चनों का पाउडर और नींबू का रस डालकर मिलाएं. पैन को गैस पर से उतार लें. इसे पूरी तरह ठंडा होने दें. सब्ज़ियों के इस मिश्रण के आठ बराबर भाग कर लें. मिश्रण का एक भाग लें और उसे साटे स्टिक पर लपेटकर बेलनाकार या सॉसेज के आकार का कबाब बना लें.
5. इसी तरह से अन्य भागों के भी कबाब बना लें. एक नॉन-स्टिक ग्रिल पैन को मध्यम आंच पर गरम करें. पैन में एक बार में दो सीक़ रखें. इन्हें लगभग पांच से छह मिनट तक पकाएं. सीक़ों को बीच-बीच में पलटते रहें ताकि कबाब सब तरफ से समान रूप से पक सके. कबाब को हल्का सुनहरा भूरा होने तक पकाएं.
6. कबाब को साटे स्टिक्स में से निकालकर सर्विंग प्लेट में रखें. कबाब के तिरछे में दो टुकड़े करें. टुकड़ों पर चाट मसाला छिड़कें और गरमागरम सर्व करें.

खट्टे मीठे वेजिटेबल सीक़

½ मध्यम आकार का आलू, उबालकर, छीलकर मसला हुआ
½ मध्यम आकार की गाजर, उबालकर काटी हुई
¼ कप हरे मटर, उबालकर मसले हुए
150 ग्राम पनीर, कद्दूकस किया हुआ
1 छोटा चम्मच अदरक पेस्ट
½ छोटा चम्मच आमचूर पाउडर
1 छोटा चम्मच चाट मसाला
½ छोटा चम्मच लाल मिर्च पाउडर
1 हरी मिर्च, कटी हुई
1 बड़ा चम्मच कटा हुआ ताज़ा हरा धनिया
1½ बड़े चम्मच केरी की चटनी
1 बड़ा चम्मच मक्खन
2 बड़े चम्मच भुने हुए चनों का पाउडर
नमक स्वादानुसार
तेल, शैलो-फ्राय करने के लिए

1. एक बड़ा बाउल लें और उसमें आलू, गाजर, हरे मटर, पनीर, अदरक पेस्ट, आमचूर पाउडर, चाट मसाला, लाल मिर्च पाउडर, हरी मिर्च, कटा हुआ हरा धनिया, केरी की चटनी, मक्खन, भुने हुए चनों का पाउडर और स्वादानुसार नमक को अच्छी तरह मिला लें.
2. मिश्रण के सोलह समान भाग कर लें. प्रत्येक भाग को सीक़ के चारों ओर लपेटें और उसके बेलनाकार कबाब बना लें. नॉन-स्टिक तवा गरम करें. इस पर थोड़ा-सा तेल डालें और सीक़ों को इस पर रख दें.
3. सीक़ों को बीच-बीच में पलटते रहें ताकि कबाब सब तरफ से समान रूप से पक सके. कबाब को सुनहरा भूरा होने तक पकाएं. अपनी मनपसंद चटनी के साथ गरमागरम कबाब सर्व करें.

वेजिटेबल सीक़ कबाब

1 मध्यम आकार का आलू, उबालकर मसला हुआ
1 मध्यम आकार की गाजर, कद्दूकस की हुई
½ कप हरे मटर, कुचले हुए
5-6 फ्रेंचबींस, बारीक काटी हुई
1 छोटा चम्मच अदरक पेस्ट
1 छोटा चम्मच आमचूर पाउडर
2 छोटे चम्मच चाट मसाला
3-4 हरी मिर्चें, कटी हुई
1½ बड़े चम्मच छुंदा
3 बड़े चम्मच भुने हुए चनों का पाउडर
150 ग्राम पनीर, कद्दूकस किया हुआ
नमक स्वादानुसार

1. एक नॉन-स्टिक कड़ाही गरम करें. इसमें अदरक पेस्ट डालें और आधे मिनट तक पकाएं. फिर इसमें आलू, गाजर, हरे मटर और फ्रेंचबींस डालकर खुशबू उठने तक भूनें.
2. आमचूर पाउडर, चाट मसाला, हरी मिर्चें, छुंदा और भुने हुए चनों का पाउडर डालकर दो से तीन मिनट तक और पकाएं. पनीर डालें और अच्छी तरह मिलाएं. नमक डालकर एक बार फिर से अच्छी तरह मिलाएं.
3. तैयार मिश्रण के आठ बराबर भाग कर लें. मिश्रण के प्रत्येक भाग को सीक़ के चारों ओर लपेटें और उसका बेलनाकार कबाब बना दें. एक नॉन-स्टिक तवा गरम करें और इस पर सीखें रख दें. इन्हें मध्यम आंच पर पकाएं. बीच-बीच में सीक़ों को पलटते रहें ताकि कबाब सब तरफ से समान रूप से पक सकें. कबाब को सुनहरा भूरा होने तक पकाएं. अपनी मनपसंद चटनी के साथ गरमागरम कबाब सर्व करें.

फल–सब्ज़ी सीक़

2 बड़े कच्चे केले

2 मध्यम आकार के आलू, उबालकर मसले हुए

200 ग्राम ताज़े बटन मशरूम, कटे हुए

1 छोटी गाजर, कद्दूकस की हुई

4 ब्रोकोली के छोटे फूल, कटे हुए

1½ बड़ा चम्मच मक्खन + 4 बड़े चम्मच मक्खन, लगाने के लिए

¾ छोटा चम्मच अजवाइन

¾ बड़ा चम्मच कटा हुआ ताज़ा हरा धनिया

¾ इंच अदरक, कटा हुआ

1½ ताज़ी लाल मिर्चें, कटी हुई

नमक स्वादानुसार

8 आलू बुखारे, गुठली निकालकर काटे हुए

½ छोटा चम्मच काला नमक

¾ छोटा चम्मच काली मिर्च पाउडर

½ छोटा चम्मच छोटी इलायची पाउडर

चुटकी भर खाने योग्य चंदन का पाउडर

चुटकी भर गुलाब की सूखी पंखुड़ियाँ का पाउडर

½ कप ब्रेडक्रम्ब्स्

1½ बड़े चम्मच तेल, लगाने के लिए

1. कच्चे केलों को उबालें. उन्हें ठंडा होने दें. ठंडे होने के बाद उन्हें छीलें और फिर कद्दूकस कर लें.
2. एक नॉन-स्टिक पैन में डेढ़ बड़ा चम्मच मक्खन गरम करें. इसमें अजवाइन डालें और मध्यम आंच पर लगभग दस सेकेंड तक भूनें.
3. मशरूम, गाजर और ब्रोकोली डालकर नमी उड़ जाने तक चलाएं. फिर कटा हुआ हरा धनिया, अदरक, लाल मिर्चें और नमक डालें.
4. अच्छी तरह से मिलाएं और फिर आंच पर से उतारकर ठंडा होने के लिए अलग रख दें.
5. ठंडे मिश्रण को कद्दूकस किए हुए केले, आलू, आलू बुखारे, काला नमक, काली मिर्च पाउडर, इलायची पाउडर, चंदन पाउडर, गुलाब की पंखुड़ियों के पाउडर, और ब्रेडक्रम्ब्स् के साथ चिकना होने तक मिक्सर में पीस लें.
6. तैयार मिश्रण को एक बाउल में निकाल लें. इसके छह समान भाग कर लें. इन्हे सीक़ों पर लपेटें और इनके चार इंच लंबे सीक़ कबाब बना लें.
7. अवन को 180^{0}C/350^{0}F/गैस मार्क 4 पर पहले से ही गरम कर लें.
8. इन साटे स्टिक्स को चिकनाई लगे ट्रे पर जमा कर रखें. इन पर मक्खन लगाएं और फिर इन्हें पहले से गरम किए हुए अवन में छह से सात मिनट तक पकाएं.
9. कबाबों को हल्के हाथों से सीक़ों पर से निकालें और प्लेट में रख दें. प्रत्येक कबाब के चार टुकड़े करें और तुरंत सर्व करें.

स्मोकी फिश कबाब

1 (300-400 ग्राम) मछली (पॉम्फ्रेट/किंग फिश), फिलेट्स किए हुए

2 मध्यम आकार के टमाटर, बीज निकालकर 1 इंच के चौकोर टुकड़े किए हुए

16 शैलॉट्स (छोटे प्याज़)

16 स्टफ्ड जैतून

2 बड़े चम्मच तेल

मैरिनेड

3 बड़े चम्मच नींबू का रस

1 छोटा चम्मच दरदरी काली मिर्च

नमक स्वादानुसार

1 बड़ा चम्मच अदरक पेस्ट

2 बड़े चम्मच ब्राउन शुगर

1. फिलेट्स धोएं और फिर उनके एक इंच के चौकोर टुकड़े काट लें.
2. एक बाउल में नींबू का रस, दरदरी काली मिर्च, नमक, अदरक पेस्ट और ब्राउन शुगर मिला लें. इस मैरिनेड में मछली के टुकड़ों, टमाटर और छोटे प्याज़ को लगभग एक घंटे तक मैरिनेड करें.
3. टूथपिक या साटे स्टिक्स में इन मैरिनेटेड टुकड़ों को निम्न क्रम में पिरोएं : मछली के टुकड़े, छोटे प्याज़, स्टफ्ड जैतुन और टमाटर के टुकड़े. फिर टूथपिक्स को वायर रैक पर जमाएं और ग्रिल TOP और BOTTOM पर आठ मिनट तक पकाएं. आठ मिनट के बाद टुकड़ों पर तेल लगाएं और फिर से ग्रिल TOP और BOTTOM पर चार मिनट तक पकाएं. गरमागरम स्मोकी फिश कबाब सर्व करें.

ओरिएंटल फिश कबाब

कबाब

500 ग्राम फिश फिलेट्स, 24 चौकोर टुकड़ों में काटे हुए

1 बड़ा चम्मच नींबू का रस

16 बटन मशरूम, डंठल निकाले हुए

24 बीज रहित काले अंगूर

12 लीची, छीलकर दो टुकड़े कर गुठली निकाली हुई

½ बड़ा चम्मच तेल

सॉस

1 बड़ा चम्मच तेल

1 इंच अदरक, बारीक कटा हुआ

2 लहसुन की कलियां, कुचली हुई

2 बड़े चम्मच सोया सॉस

1 छोटा चम्मच काली मिर्च, कुटी हुई

2 बड़े चम्मच रेड वाइन (ऐच्छिक)

2 छोटे चम्मच शहद

1. मछली के टुकड़ों पर नींबू लगाएं और मैरिनेट होने के लिए उन्हें एक तरफ रख दें.
2. मशरूमों को एक नॉन-स्टिक पैन में मध्यम आंच पर ढककर तीन से चार मिनट तक पकाएं. उन्हें बीच-बीच में उछालते रहें. फिर उन्हें आंच पर से उतार लें और छान लें. मशरूम के पानी को सॉस में डालने के लिए एक तरफ रख दें.

3. एक छोटे नॉन-स्टिक पैन में मध्यम आंच पर तेल गरम करें. इसमें लहसुन और अदरक डालकर मध्यम आंच पर लगभग पंद्रह सेकेंड तक भूनें. फिर सोया सॉस, काली मिर्च, मशरूम का पानी, रेड वाइन, और पाव कप पानी, डालकर एक उबाल लाएं. शहद डालें और अच्छी तरह मिला लें.
4. आंच कम कर दें और दो से तीन मिनट तक धीमी आंच पर उबलने दें. आंच पर से उतार लें और कबाब तैयार होने तक इसे गरम ही रखें.
5. मछली के टुकड़ों, पकाए हुए मशरूमों, काले अंगूरों और लीची के टुकड़ों को लकड़ी की साटे स्टिक्स में पिरोएं.
6. इन पर ब्रश से तेल लगाएं और फिर दस मिनट तक इन्हें ग्रिल करें. या फिर आप इन्हें 180^0C/350^0F/गैस मार्क 4 पर पहले से गरम किए हुए अवन में दस से बारह मिनट या मछली के टुकड़ों के नरम हो जाने तक बेक करें. आप इसे ग्रिडल प्लेट या मोटे नॉन-स्टिक पैन में भी बना सकते हैं. साटे स्टिक्स को बीच-बीच में पलटते रहें ताकि कबाब सब तरफ से एक समान रूप से पक सके.
7. गरमागरम कबाब को सॉस के साथ तुरंत सर्व करें.

जलपरी कबाब

8 फिश फिलेट्स
½ कप श्रिम्प
8 मध्यम आकार के झींगे
मक्खन, लगाने के लिए

पहला मैरिनेड
½ इंच अदरक
5 लहसुन की कलियां
1 कप पानी निकाला हुआ दही (चक्का)
½ कप ताज़ा क्रीम
1 छोटा चम्मच अजवाइन
1 अंडा
1 छोटा चम्मच गरम मसाला
1 बड़ा चम्मच नींबू का रस
1 बड़ा चम्मच तेल
नमक स्वादानुसार

दूसरा मैरिनेड
½ इंच अदरक
5 लहसुन की कलियां
¾ कप पानी निकाला हुआ दही (चक्का)
1 छोटा चम्मच लाल मिर्च पाउडर
¼ छोटा चम्मच हल्दी
1 छोटा चम्मच अजवाइन
1 अंडा
½ कप ताज़ा क्रीम
¼ छोटा चम्मच गरम मसाला
1 छोटा चम्मच नींबू का रस
1 बड़ा चम्मच तेल
नमक स्वादानुसार
½ कप कद्दूकस किया हुआ चीज़

1. फिश फिलेट्स को छांटे, धोएं और फिर पोंछकर सुखा लें. स्टिक हैमर की मदद से इन्हें थोड़ा चपटा कर लें. श्रिम्प्स को खोल में से बाहर निकालें और नस निकालकर उन्हें अच्छी तरह से धो लें. झींगों को खोल में से बाहर निकालें. इस बात का ध्यान रखें कि उनकी पूँछ टूटे नहीं. इनकी भी नसें निकाल लें और फिर अच्छी तरह से धो लें. श्रिम्प्स और झींगों को हथेलियों के बीच रखकर हल्के से दबाएं ताकि अतिरिक्त नमी निकल जाए.
2. पहला मैरिनेड बनाने के लिए अदरक और लहसुन को छीलें और फिर उनकी महीन पेस्ट बना लें. इस पेस्ट में पहले मैरिनेड की बाकी बची सारी सामग्री अच्छी तरह से मिला लें. तैयार मैरिनेड को फिश फिलेट्स के दोनों ओर अच्छी तरह लगा दें और फिर इसे आधे घंटे तक ऐसे ही रहने दें.
3. दूसरे मैरिनेड की सारी सामग्री को एक बाउल में मिला लें. इसमें से आधे मैरिनेड को दूसरे बाउल में निकाल लें. एक बाउल में श्रिम्प को मैरिनेट करें और दूसरे बाउल में झींगों को मैरिनेट करें. दोनों को आधे घंटे तक मैरिनेट होने दें.
4. अवन को 240^0C/475^0F/गैस मार्क 9 पर पहले से ही गरम कर लें.
5. कबाब बनाने के लिए सबसे पहले एक फिश फिलेट लें. इस पर मैरिनेट किए हुए दो श्रिम्प रखें और इनके बीच में मैरिनेट किया हुआ एक झींगा रखें. झींगे की पूँछ बाहर की तरफ होनी चाहिए. फिर फिलेट को अच्छे से रोल करें और उस पर टूथपिक लगा दें.
6. इन्हें सीक़ों में पिरो दें और तंदूर में आठ से दस मिनट तक पकाएं. बीच-बीच में इन पर मक्खन लगाते रहें. या फिर आप इन्हें पहले से गरम किए हुए अवन में दस से बारह मिनट तक पकाएं. बीच-बीच में इन पर मक्खन लगाते रहें.
7. पुदीने की चटनी (पृष्ठ क्र. 95) के साथ गरमागरम कबाब सर्व करें.

मुर्ग़ नेज़ा कबाब

700 ग्राम चिकन टंगड़ी
2 बड़े चम्मच अदरक पेस्ट
2 बड़े चम्मच लहसुन पेस्ट
2 छोटे चम्मच नमक
½ छोटा चम्मच सफ़ेद मिर्च पाउडर
½ छोटा चम्मच गरम मसाला
¼ छोटा चम्मच चूरी हुई कसूरी मेथी
3 छोटे चम्मच विनेगर
2 बड़े चम्मच कटा हुआ ताज़ा हरा धनिया
½ छोटा चम्मच छोटी इलायची
3 बड़े चम्मच तेल
1 कप बेसन
1 अंडा
4 बड़े चम्मच क्रीम
2 बड़े चम्मच पिघला हुआ मक्खन
1 नींबू, तिकोने टुकड़ों में कटा हुआ
1 बड़ा प्याज़, छल्लों में कटा हुआ
1 बड़ा टमाटर, फांकें किया हुआ

1. चिकन की टंगड़ी में से जांघ की हड्डी को ढीला करें पर उसे पूरा निकाले नहीं.
2. एक बड़े व गहरे बाउल में अदरक पेस्ट, लहसुन पेस्ट, नमक, सफ़ेद मिर्च पाउडर, गरम मसाला, चूरी हुई कसूरी मेथी, विनेगर, कटा हुआ हरा धनिया और इलायची पाउडर मिला लें. इसमें चिकन की टंगड़ियां डालें और अच्छी तरह से मिलाएं ताकि टंगड़ियों पर मैरिनेड अच्छी तरह से लग जाए. इन्हें बीस मिनट तक मैरिनेट होने दें.

3. मध्यम आकार के नॉन-स्टिक फ्राइंग पैन में मध्यम आंच पर तेल गरम करें. जब पैन की तली में छोटे-छोटे बुलबुले दिखाई देने लगें तब आंच कम कर दें और फिर उसमें बेसन डालें. बेसन को हल्का-सा सुनहरा होकर खुशबू उठने तक भूनें. बेसन को एक बाउल में निकाल लें और ठंडा होने दें.
4. अंडा तोड़ें और उसे बेसन में मिला दें. इसे अच्छी तरह फेंटें और चिकनी पेस्ट बना लें. क्रीम डालें और एक बार फिर से फेंटें.
5. चिकन की टंगड़ियों पर बेसन और अंडे का यह घोल लगाएं और फिर टंगड़ियों को बीस मिनट तक एक तरफ रख दें.
6. अवन को 200°C/400°F/गैस मार्क 6 पर पहले से ही गरम कर लें.
7. चिकन की टंगड़ियों को हड्डी सहित पहले सीक़ों में पिरो दें और फिर जांघों को पिरोएं. इन्हें पहले से गरम किए हुए अवन में सात से आठ मिनट तक पकाएं. सीक़ों को बाहर निकालें और प्रत्येक टंगड़ी पर आधा बड़ा चम्मच पिघला हुआ मक्खन लगाएं. सीक़ों को फिर से अवन में रख दें और सात से आठ मिनट तक या टंगड़ी के हल्के से सुनहरे हो जाने तक पकाएं.
8. टंगड़ियों को हल्के हाथों से सीक़ों पर से निकालें और सर्विंग डिश में रखें. नींबू की फांकों, प्याज़ के छल्लों और टमाटर की फांकों से सजाकर गरमागरम कबाब सर्व करें.

नवाबी कल्मी कबाब

400 ग्राम हड्डी रहित चिकन,
2 इंच के चौकोर टुकड़े किए हुए
1 इंच दालचीनी
½ छोटा चम्मच शाही जीरा
2 लौंग
8–10 केसर के रेशे
1 छोटा चम्मच अदरक पेस्ट
1 छोटा चम्मच लहसुन पेस्ट
½ कप दही
2 बड़े चम्मच नींबू का रस
1 अंडा, फेंटा हुआ
¼ कप मैदा
¾ छोटा चम्मच नमक
1 बड़ा प्याज़, गोल काटकर छल्ले अलग किए हुए
ताज़े पुदीने की कुछ पत्तियां, कटी हुई
1 नींबू, फांकें की हुई
मक्खन, लगाने के लिए

1. चिकन के टुकड़ों को धोएं और फिर पोंछकर सुखा लें. प्रत्येक टुकड़े पर कांटे के चम्मच से दो तीन जगह छेद करें.
2. मध्यम आंच पर एक छोटा नॉन–स्टिक फ्राइंग पैन गरम करें. इसमें दालचीनी, शाही जीरा, लौंग और केसर डालकर उन्हें हल्का–सा सूखा ही भून लें. ठंडा होने दें. ठंडा होने के बाद पीसकर इसका महीन पाउडर बना लें.

3. एक गहरा बाउल लें और उसमें अदरक पेस्ट, लहसुन पेस्ट, दही, भुने हुए मसालों के पाउडर, नींबू के रस, अंडे, मैदे और नमक को अच्छी तरह मिला लें.

4. इसमें चिकन के टुकड़े डालें और उछालते हुए अच्छी तरह मिला लें ताकि चिकन के टुकड़ों पर यह मसाला अच्छी तरह चिपक जाए. बाउल को क्लिंग फिल्म से बंद कर दें और फिर मैरिनेट होने के लिए इसे दो से तीन घंटों तक फ्रिज में रखें.

5. अवन को 200°C/400°F/गैस मार्क 6 पर पहले से ही गरम कर लें.

6. चिकन के टुकड़ों को बेकिंग ट्रे पर जमा कर रखें और फिर इन्हें आठ मिनट तक अवन में बेक करें. निकालकर उन पर मक्खन लगाएं और फिर से दो मिनट तक अवन में बेक करें.

7. आप इन टुकड़ों को ग्रिलर पर भी ग्रिल कर सकते हैं. मैरिनेट किए हुए चिकन के टुकड़ों को ड्रिप-ट्रे पर रखें और उन्हें सुनहरा भूरा होने तक ग्रिल करें. आप इन्हें तंदूर में भी पका सकते हैं. तंदूर में पके कबाब ज़्यादा स्वादिष्ट लगते हैं.

8. प्याज़ के छल्लों, पुदीने की पत्तियों और नींबू की फांकों से सजाकर गरमागरम कबाब तुरंत सर्व करें.

कबाब कोंबड्याचे

4 (100 ग्राम प्रत्येक) हड्डी रहित चिकन ब्रेस्ट्स

नमक स्वादानुसार

2 बड़े चम्मच तेल

4 मध्यम आकार के प्याज़, फांकें किए हुए

10 काली मिर्चें

1 बड़ा चम्मच धनिया

1 इंच दालचीनी

3–4 लौंग

3–4 छोटी इलायची

1 कप पानी निकाला हुआ दही (चक्का)

1 बड़ा चम्मच अदरक पेस्ट

¼ कप क्रीम

चुटकी भर चूरी हुई काली मिर्च

2 बड़े चम्मच तेल

1 बड़ा चम्मच नींबू का रस

1. साटे स्टिक्स को कम से कम पंद्रह मिनट तक पानी में भिगोकर रखें.
2. चिकन ब्रेस्ट्स को साफ करें, धोएं और लंबाई में इनके तीन टुकड़े कर लें. नमक डालकर अच्छी तरह मिलाएं और फिर एक तरफ रख दें.
3. एक नॉन-स्टिक कड़ाही में तेल गरम करें. इसमें प्याज़ डालें और भूरा होने तक उसे भूनें. ठंडा होने दें. ठंडा होने के बाद पीसकर इसकी बारीक पेस्ट बना लें.

4. काली मिर्च, धनिया, दालचीनी, लौंग और इलायची को सूखा ही भून लें. भुने हुए मसालों को पीसकर इनका महीन पाउडर बना लें.
5. एक बड़ा बाउल लें और उसमें भुने हुए प्याज़ की पेस्ट, भुने हुए मसालों का पाउडर, पानी निकाले हुए दही, अदरक पेस्ट, क्रीम और नमक को अच्छी तरह मिला लें. इसमें चिकन के टुकड़े डालें और मिलाएं. इसे दो घंटे तक मैरिनेट होने के लिए फ्रिज में रख दें.
6. चिकन के टुकड़ों को साटे स्टिक्स में पिरोएं और फिर इन पर काली मिर्च छिड़कें.
7. साटे स्टिक्स को बारबेक्यू या ग्रिल पर रखें और बीच-बीच में तेल लगाते हुए सुनहरा भूरा होने तक पकाएं. स्टिक्स को थोड़ी-थोड़ी देर में पलटते रहें ताकि कबाब सब तरफ से समान रूप से पक सके. फिर इस पर नींबू का रस छिड़कें.
8. या फिर आप साटे स्टिक्स को नॉन-स्टिक तवे पर रखें और गैस की आंच पर पकाएं. नींबू का रस छिड़कें और फिर ढककर नरम होने तक पकाएं.
9. तैयार कबाब को एक सर्विंग प्लेट में निकाल लें और तुरंत परोसें.

चिकन गिलाफ़ी सीक़ कबाब

½ किलो चिकन का कीमा

2 बड़े प्याज़, फांकें किए हुए

तेल, तलने के लिए

1½ इंच अदरक

10 लहसुन की कलियां

15–20 पुदीने की ताज़ी पत्तियां

थोड़ा-सा हरा धनिया, बारीक कटा हुआ

2–3 हरी मिर्चें, बारीक कटी हुई

1 छोटा चम्मच लाल मिर्च पाउडर

1 छोटा चम्मच गरम मसाला

1 छोटा चम्मच नींबू का रस

नमक स्वादानुसार

1 बड़ा चम्मच काजू का पाउडर

10–12 काजू, दरदरा पाउडर किए हुए

1 अंडा, फेंटा हुआ

मक्खन, लगाने के लिए

नींबू की फांकें, सजाने के लिए

1. चिकन के कीमे को धोएं और हथेलियों के बीच रखकर दबाएं ताकि अतिरिक्त पानी निकल जाए.
2. नॉन-स्टिक कड़ाही में पर्याप्त मात्रा में तेल गरम करें. इसमें प्याज़ को सुनहरा भूरा होने तक तलें. निकालकर तेल सोखनेवाले कागज़ पर एक तरफ रख दें.

3. अदरक और लहसुन को पीसकर बारीक पेस्ट बना लें. पुदीने की पत्तियों को बारीक काट लें. थोड़ी-सी सजाने के लिए निकालकर रखें.

4. एक बड़े बाउल में चिकन, भुने हुए प्याज़, कटे हुए हरे धनिये, पुदीने की पत्तियों, अदरक-लहसुन पेस्ट, कटी हुई हरी मिर्चों, लाल मिर्च पाउडर, गरम मसाले, नींबू के रस और नमक को अच्छी तरह मिला लें.

5. इस मिश्रण को मिक्सर में आधे मिनट तक पीसें. फिर इसे बाउल में निकाल लें. काजू का पाउडर डालें. अच्छी तरह मिलाएं और ढककर इसे आधे घंटे तक फ्रिज में रख दें. दरदरे पीसे काजू और फेंटे हुए अंडे को एक बाउल में मिलाएं और फिर एक तरफ रख दें.

6. अवन को 240^0C/475^0F/गैस मार्क 9 पर पहले से ही गरम कर लें या फिर तंदूर गरम करें.

7. चिकन के मिश्रण के बीस बराबर भाग कर लें. हथेलियां गीली करें और फिर प्रत्येक भाग को सीक़ पर लपेट कर उसके तीन इंच लंबे बेलनाकार कबाब बना लें. प्रत्येक कबाब के बीच एक इंच का अंतर रखें.

8. इन्हें पहले से गरम किए हुए अवन में बारह से पंद्रह मिनट तक या तंदूर में आठ से दस मिनट तक लगभग आधे पक जाने तक पकाएं. फिर ब्रश से इन पर काजू और अंडे का घोल लगाएं और पूरी तरह पक जाने तक पकाएं. बीच-बीच में इन पर मक्खन लगाते रहें. नींबू की फांकों और पुदीने की पत्तियों से सजाकर गरमागरम कबाब तुरंत सर्व करें.

नोट : कबाब रसीले और नरम होने चाहिए वरना ये बहुत ही सूखे लगेंगे. कबाब को बहुत ज़्यादा न पकाएं.

चिकन मख़मली कबाब

4 (200 ग्राम प्रत्येक) चिकन ब्रेस्ट्स
4-6 हरी मिर्चें, कटी हुई
1 इंच अदरक, मोटा कटा हुआ
5-6 लहसुन की कलियां, मोटी कटी हुई
⅔ कप पानी निकाला हुआ दही (चक्का)
¼ कप कद्दूकस किया हुआ प्रोसेस्ड चीज़
¼ कप ताज़ा क्रीम
½ छोटा चम्मच जायफल पाउडर
2 छोटे चम्मच गरम मसाला
1 बड़ा चम्मच शहद
½ बड़ा चम्मच नींबू का रस
नमक स्वादानुसार
¼ कप मक्खन

1. चिकन ब्रेस्ट्स की चमड़ी और हड्डियां निकाल दें और ब्रेस्ट्स के दो टुकड़े कर लें. हरी मिर्चें, अदरक और लहसुन को पीसकर उसकी चिकनी पेस्ट बना लें. चिकन के टुकड़ों पर यह पेस्ट लगाएं और फिर ढककर इन्हें पंद्रह मिनट तक अलग रख दें.
2. एक बड़ा बाउल लेकर उसमें पानी निकाले हुए दही, चीज़, क्रीम, जायफल पाउडर, गरम मसाले, शहद, नींबू के रस और स्वादानुसार नमक को अच्छी तरह फेंट लें. चिकन को इस मिश्रण में डालकर अच्छी तरह मिलाएं और फिर मैरिनेट करने के लिए इसे तीन घंटे तक फ्रिज में रख दें. वायर रैक पर चिकन के टुकड़ों को एक-एक इंच की दूरी पर रखें.
3. चिकन को ग्रिल TOP और BOTTOM पर बीस मिनट तक पकाएं. प्रत्येक पांच मिनट में चिकन के टुकड़ों पर ब्रश से मक्खन लगाते रहें. हरी चटनी (पृष्ठ क्र. 7) के साथ गरमागरम चिकन मखमली कबाब सर्व करें.

शेफ का सुझाव : नरम व रसीले कबाब बनाने के लिए श्रेष्ठ गुणवत्ता वाला चिकन इस्तेमाल करें.

पंखरी कबाब

16 चिकन विंग्स एवं शोल्डर (पंखरी)

पहला मैरिनेड

1 बड़ा चम्मच अदरक-लहसुन पेस्ट

नमक स्वादानुसार

2 छोटे चम्मच सफ़ेद मिर्च पाउडर

दूसरा मैरिनेड

100 ग्राम प्रोसेस्ड चीज़, कद्दूकस किया हुआ

1 अंडे का सफ़ेद भाग (एग व्हाइट)

200 मिली क्रीम

1 बड़ा चम्मच अदरक-लहसुन पेस्ट

नमक स्वादानुसार

2 छोटे चम्मच सफ़ेद मिर्च पाउडर

1 छोटा चम्मच दालचीनी पाउडर

4 हरी मिर्चें, कटी हुई

2 बड़े चम्मच पिघला हुआ मक्खन

1. चिकन विंग्स और शोल्डर को काटें और साफ करें. धोएं और थपथपाकर सुखा लें. इन्हें एक तरफ रख दें.
2. पहला मैरिनेड बनाने के लिए एक बाउल में अदरक-लहसुन पेस्ट, नमक और सफ़ेद मिर्च पाउडर को मिला लें. चिकन विंग्स और शोल्डर पर यह मिश्रण अच्छी तरह लगाएं और मैरिनेट होने के लिए उन्हें एक घंटे तक फ्रिज में रख दें.

3. दूसरा मैरिनेड बनाने के लिए एक ट्रे में चीज़ रखें. इस पर अंडे का सफ़ेद भाग डालें और हथेली से इसे एक ही दिशा में फेंटें. इसमें धीरे-धीरे करके क्रीम डालें ताकि वो इसमें अच्छी तरह मिक्स हो जाए.
4. फिर इसमें अदरक-लहसुन पेस्ट, नमक, सफ़ेद मिर्च पाउडर, दालचीनी पाउडर, हरी मिर्चें और पिघला हुआ मक्खन एक-एक करके डालें और अच्छी तरह मिला लें.
5. चिकन विंग्स और शोल्डर पर यह मैरिनेड लगाएं और फिर विंग्स और शोल्डर को मैरिनेट होने के लिए एक से दो घंटे तक फ्रिज में रख दें.
6. अवन को 200°C/400°F/गैस मार्क 6 पर पहले से ही गरम कर लें.
7. मैरिनेट किए हुए चिकन विंग्स और शोल्डर को सीक़ों पर एक-एक इंच की दूरी पर पिरो दें.
8. पहले से गरम किए हुए अवन में इन्हें पंद्रह मिनट तक पकाएं या मध्यम गरम तंदूर या चारकोल ग्रिल पर चार से छह मिनट तक पकाएं. सीक़ों को निकालें और उन्हें लटका दें ताकि कबाब में से अतिरिक्त नमी पूरी तरह से निकल जाए.
9. अब इन पर ब्रश से पिघला हुआ मक्खन लगाएं और चार से पांच मिनट तक फिर से पकाएं. अपने मनपसंद सलाद और हरी चटनी (पृष्ठ क्र. 7) के साथ गरमागरम कबाब तुरंत सर्व करें.

चिकन सीक़ कबाब

500 ग्राम चिकन का बारीक कीमा
1–2 हरी मिर्चें, बारीक कटी हुई
1 मध्यम आकार का प्याज़, बारीक कटा हुआ
1 इंच अदरक, बारीक कटा हुआ
4 लहसुन की कलियां, बारीक कटी हुई
2 बड़े चम्मच बारीक कटे हुए काजू
1 छोटा चम्मच चाट मसाला
1 छोटा चम्मच गरम मसाला
1 छोटा चम्मच सफ़ेद मिर्च पाउडर
2 बड़े चम्मच कटा हुआ ताज़ा हरा धनिया
1 बड़ा चम्मच नींबू का रस
नमक स्वादानुसार
तेल, आवश्यकतानुसार
2 बड़े चम्मच मक्खन

1. एक बड़े बाउल में चिकन के कीमे, हरी मिर्च, प्याज़, अदरक, लहसुन, काजू, चाट मसाले, गरम मसाले, सफ़ेद मिर्च पाउडर, ताज़े कटे हरे धनिये, नींबू के रस और नमक को अच्छी तरह मिला लें.
2. यदि आप बोनलेस चिकन इस्तेमाल कर रहे हों तो पहले बोनलेस चिकन को हरी मिर्च, प्याज़, अदरक और लहसुन के साथ पीस लें. इसके बाद इसमें बाकी बची सामग्री अच्छी तरह से मिला लें.
3. एक नॉन–स्टिक तवा गरम करें. इस पर थोड़ा–सा तेल डालें. हथेलियां गीली करें और थोड़ा–सा चिकन मिश्रण लेकर उसे साटे स्टिक्स के चारों ओर अच्छी तरह लगा दें. हल्के से दबाते हुए इसे कबाब का आकार दे दें.
4. सीक़ों (साटे स्टिक्स) को तवे पर रखें. इन्हें थोड़ी–थोड़ी देर में पलटते रहें ताकि कबाब सब तरफ से समान रूप से पक सके. बीच–बीच में इन पर ब्रश से मक्खन लगाते रहें. गरमागरम कबाब तुरंत सर्व करें.

शेफ का सुझाव : चिकन ब्रेस्ट के कीमे से बने कबाब ज़्यादा स्वादिष्ट लगते हैं.

कोंबडी पुलावा कबाब

4 (150 ग्राम) बोनलेस चिकन ब्रेस्ट्स

1 बड़ा चम्मच धनिया

2 छोटी इलाइची

½ इंच दालचीनी

2 लौंग

1 बड़ा प्याज़

⅛ कप बादाम, ब्लांच करके पीसे हुए

¼ कप दही

¼ बड़ा चम्मच काली मिर्च, चूरी हुई

½ बड़ा चम्मच अदरक पेस्ट

¼ बड़ा चम्मच लहसुन पेस्ट

नमक स्वादानुसार

काला नमक, स्वादानुसार

घी, शैलो-फ्राय करने के लिए

2 नींबू, फांकें किए हुए

1. साटे स्टिक्स को कम से कम पंद्रह मिनट तक पानी में भिगोकर रखें.
2. अवन को 180°C/350°F/गैस मार्क 4 पर पहले से ही गरम कर लें.
3. एक नॉन-स्टिक तवा गरम करें. धनिये, छोटी इलाइची, दालचीनी और लौंग को तवे पर अलग-अलग भून लें. मसालों को पीसकर बारीक पाउडर बना लें.

4. चिकन ब्रेस्ट्स के दो टुकड़े करें और फिर उनकी लंबी-लंबी पट्टियां काट लें. उन्हें साटे स्टिक्स में पिरो दें.
5. प्याज़ को अवन में लगभग तीस से चालीस मिनट तक भूनें.
6. एक बड़ा बाउल लेकर उसमें भुने हुए प्याज़, पीसे हुए बादाम, दही, चूरी हुई काली मिर्च, अदरक पेस्ट, लहसुन पेस्ट, नमक और काले नमक को अच्छी तरह मिला लें. फिर इसमें भुने हुए मसालों का पाउडर डालें और एक बार फिर से अच्छी तरह मिला लें.
7. इस मिश्रण को पिरोई हुई चिकन की पट्टियों पर अच्छी तरह लगाएं और फिर उन्हें आधे घंटे तक मैरिनेट होने के लिए अलग रख दें.
8. एक नॉन-स्टिक तवे पर थोड़े से घी को कड़क गरम करें. फिर तवे पर चिकन की पट्टियां रखें और दो मिनट तक तेज आंच पर पकाएं. आंच कम कर दें और साटे स्टिक्स को बीच-बीच में दो-तीन बार पलटते हुए कबाब को पकने दें. कबाब को दोनों तरफ से सुनहरा भूरा होने तक पकाएं. यदि आवश्यक हो तो कबाब पर थोड़ा और घी डालें.
9. या फिर आप चिकन को पहले से गरम किए हुए अवन या तंदूर में भी पका सकते हैं. इन्हें नींबू की फांकों के साथ गरमागरम सर्व करें.

दही मुर्ग़ कबाब

600 ग्राम चिकन का कीमा
¼ कप चने की दाल
2 बड़े चम्मच तेल + तलने के लिए
1 छोटा चम्मच जीरा
1 छोटा चम्मच धनिया
5-6 काली मिर्चें
2 बड़ी इलायची
1½ इंच अदरक, कटा हुआ
10 लहसुन की कलियां, कटी हुई
नमक स्वादानुसार
2 छोटे चम्मच लाल मिर्च पाउडर
½ छोटा चम्मच छोटी इलायची पाउडर
चुटकी भर जावित्री पाउडर
½ छोटा चम्मच गरम मसाला
2 अंडे, फेंटें हुए

भरावन

¼ कप पानी निकाला हुआ दही (चक्का)
1 छोटा प्याज़, बारीक कटा हुआ
2 छोटे चम्मच कटा हुआ ताज़ा पुदीना
नमक स्वादानुसार

1. चने की दाल को दो कप पानी में कम से कम तीन घंटे तक भिगोकर रखें. फिर निथार लें.
2. भरावन बनाने के लिए सबसे पहले बारीक कटे प्याज़ को अपनी हथेलियों के बीच रखकर दबाएं और अतिरिक्त पानी निकाल दें. फिर प्याज़ को एक बाउल में रखें.

3. इसमें पानी निकाला हुआ दही, पुदीना और नमक डालें. अच्छी तरह मिलाएं और फिर इसके सोलह समान भाग कर लें. ढककर फ्रिज में रख दें.
4. एक नॉन-स्टिक पैन में दो बड़े चम्मच तेल गरम करें. इसमें जीरा, धनिया, काली मिर्च, बड़ी इलायची के दाने, अदरक और लहसुन डालकर मध्यम आंच पर एक मिनट तक भूनें. चिकन का कीमा डालें और पांच मिनट तक भूनें.
5. फिर इसमें भिगोयी हुई चना दाल, नमक, लाल मिर्च पाउडर, इलायची पाउडर, जावित्री पाउडर और गरम मसाला डालें. अच्छी तरह मिलाएं और दो मिनट तक भूनें.
6. अब इसमें डेढ़ कप पानी डालें और मिश्रण में एक उबाल आने दें. आंच कम कर दें और फिर ढककर चने की दाल गलकर नरम हो जाने तक पकाएं. इसे तेज़ आंच पर लगातार चलाते हुए पकाएं ताकि मिश्रण पूरी तरह से सूख जाए. आंच पर से उतारकर ठंडा होने के लिए अलग रख दें.
7. चिकन और चने की दाल के मिश्रण को चिकना होने तक मिक्सर में पीस लें. चखकर मसाले स्वादानुसार कर लें.
8. चिकन और दाल के मिश्रण के सोलह समान भाग कर लें. मिश्रण के प्रत्येक भाग को हथेली पर रखकर चपटा करें और उसके बीच में थोड़ा-सा प्याज़ और दही का भरावन रखें. किनारों को मिलाते हुए उसका गोला बना लें. हल्का-सा दबाएं और चपटी टिक्की बना लें.
9. एक नॉन-स्टिक कड़ाही में तेल गरम करें. प्रत्येक टिक्की को फेंटे हुए अंडे में डुबोएं और फिर तेल में सुनहरी भूरी होने तक तलें. निकालकर तेल सोखने वाले कागज़ पर रखें. प्याज़ के छल्लों और पुदीने की चटनी (पृष्ठ क्र. 95) के साथ गरमागरम कबाब सर्व करें.

शेफ का सुझाव : यदि पकाने के बाद भी चिकन का मिश्रण बहुत गीला लग रहा हो तो उसमें थोड़ा-सा भुना हुआ बेसन या भुने हुए चने की दाल का पाउडर मिलाएं.

पोटली कबाब

4 (115 ग्राम प्रत्येक) हड्डी रहित चिकन ब्रेस्ट्स
250 ग्राम चिकन का कीमा
2 बड़े चम्मच अदरक-लहसुन पेस्ट
2 बड़े चम्मच कटा हुआ ताज़ा हरा धनिया
5-8 पुदीने की ताज़ी पत्तियां, कटी हुई
2 हरी मिर्चें, कटी हुई
नमक स्वादानुसार
½ कप पानी निकाला हुआ दही (चक्का)
2 बड़े चम्मच बेसन
2 बड़े चम्मच क्रीम
1 छोटा चम्मच हरी मिर्च पेस्ट
½ छोटा चम्मच गरम मसाला
पिघला हुआ मक्खन लगाने के लिए

1. चिकन ब्रेस्ट्स पर चीरा लगाएं उन्हें पूरा न काटें. उन्हें खोल दें. स्टिक हैमर या चाकू की पिछली बाजू से पीटकर उन्हें थोड़ा-सा चपटा कर लें.
2. चिकन के कीमे को एक बड़े चम्मच अदरक-लहसुन पेस्ट, ताज़े हरे धनिये, ताज़े पुदीने, हरी मिर्च और नमक के मिश्रण में लगभग पंद्रह मिनट तक मैरिनेट करें.

मुलायम मुर्ग़ सीक़

3. चिकन के मिश्रण के चार बराबर भाग कर लें और फिर इनके गोले बना लें. इन गोलों को चपटे किए हुए चिकन ब्रेस्ट्स में भर दें. चिकन ब्रेस्ट्स से मिश्रण के गोले को पूरी तरह ढक दें और ब्रेस्ट्स के किनारों को टूथपिक से बंद कर दें.
4. एक बाउल में दही लें. इसमें बेसन, बची हुई अदरक-लहसुन पेस्ट, नमक, क्रीम, हरी मिर्च की पेस्ट और गरम मसाला डालें और अच्छी तरह मिला लें.
5. भरे हुए चिकन ब्रेस्ट्स को इस मिश्रण में दो घंटे तक मैरिनेट करें. फ्रिज में रखेंगे तो बेहतर होगा.
6. अवन को 200^0C/400^0F/गैस मार्क 6 पर पहले से ही गरम कर लें.
7. चिकनाई लगे बेकिंग ट्रे में चिकन ब्रेस्ट्स को इस तरह रखें कि बंद किया हुआ भाग ट्रे में नीचे की ओर रहे. ब्रेस्ट्स को ट्रे में एक-एक इंच की दूरी पर रखें.
8. इन्हें पहले से गरम किए हुए अवन में बीस मिनट तक पकाएं. बीच-बीच में इन पर पिघला हुआ मक्खन लगाते रहें.
9. तैयार पोटली कबाब को सर्विंग प्लेट में निकाल लें. अपने पसंद के सलाद और मनपसंद चटनी के साथ सर्व करें.

शेफ का सुझाव : यदि चिकन का कीमा बहुत बारीक न हो तो उसे दो-तीन बार फूड प्रोसेसर या मिक्सर में पीस लें.

मुलायम मुर्ग़ सीक़

500 ग्राम चिकन ब्रेस्ट का कीमा
¼ कप ताज़ा हरा धनिया, बारीक कटा हुआ
2-3 हरी मिर्चें, मोटी कटी हुई
1 इंच अदरक, मोटा कटा हुआ
4-6 लहसुन की कलियां, मोटी कटी हुई
8-10 काजू
2 अंडों की ज़रदी
नमक स्वादानुसार
1 छोटा चम्मच गरम मसाला
1 छोटा चम्मच सफ़ेद मिर्च पाउडर
2 बड़े चम्मच मक्खन
1 बड़ा चम्मच नींबू का रस
1 छोटा चम्मच चाट मसाला

1. हरे धनिये, हरी मिर्च, अदरक और लहसुन को पीसकर उसकी महीन पेस्ट बना लें. इसे पानी डाले बिना पीसें.
2. काजू को कुनकुने पानी में दस मिनट तक भिगोकर रखें. निथारें और फिर पीसकर चिकनी पेस्ट बना लें.
3. अब हरे धनिये-हरी मिर्च की पेस्ट में काजू की पेस्ट और अंडे की ज़रदी डालकर एक बार फिर से मिक्सर में पीसें. यह तैयार मिश्रण चिकन के कीमे में डालें. इसमें नमक, गरम मसाला और सफ़ेद मिर्च पाउडर डालें और अच्छी तरह से मिला लें. इसे कम से कम आधे घंटे तक फ्रिज में रखें.

चित्र पृष्ठ क्र. 58 पर देखें

4. चिकन के मिश्रण के दस से बारह समान भाग कर लें. हथेलियां गीली करें. मिश्रण का एक भाग लेकर उसे सीक़ के चारों ओर लपेटें और चार से पांच इंच लंबे कबाब बना लें. इन्हें मध्यम गरम तंदूर में लगभग आठ से दस मिनट तक पकाएं. इन्हें बीच-बीच में पलटते रहें. पके हुए कबाबों पर ब्रश से मक्खन लगाएं और फिर इन्हें तंदूर में और एक मिनट पकाएं.
5. या फिर आप कबाबों की 220°C/425°F/गैस मार्क 7 पर पहले से गरम किए हुए अवन में दस मिनट तक पकाएं और फिर इन पर मक्खन लगाकर इन्हें और दो मिनट तक पकाएं.
6. गरमागरम कबाबों पर नींबू का रस और चाट मसाला डालकर तुरंत सर्व करें.

केरिबियन चिकन कबाब

4 (200 ग्राम प्रत्येक) हड्डी रहित चिकन ब्रेस्ट्स, 1 इंच के टुकड़े किए हुए

2 मध्यम आकार के प्याज़

5-6 सूखी लाल मिर्चें, बीज निकाली हुई

8-10 लहसुन की कलियां

2-3 ताज़ी पार्सलि की टहनियां

7-8 तुलसी की पत्तियां

½ बड़ा चम्मच नींबू का रस

1 बड़ा चम्मच वुस्टर सॉस

5-6 काली मिर्च

½ छोटा चम्मच करी पाउडर

नमक स्वादानुसार

1 मध्यम आकार की हरी शिमला मिर्च, बीज निकालकर 1 इंच के चौकोर टुकड़ों में कटी हुई

2 डिब्बाबंद अनन्नास की गोल फांकें, 1 इंच के चौकोर टुकड़े किए हुए

1 मध्यम आकार का टमाटर, बीज़ निकालकर 1 इंच के चौकोर टुकड़ों में कटा हुआ

1. एक प्याज़ को बारीक काट लें और दूसरे के डेढ़ इंच चौकोर टुकड़े कर लें.
2. सूखी मिर्चों, कटे हुए प्याज़, लहसुन, पार्सलि, तुलसी की पत्तियों, नींबू के रस, वुस्टर सॉस, काली मिर्च, करी पाउडर और नमक को एक साथ पीसें और दरदरी पेस्ट बना लें. इस पेस्ट को एक बड़े बाउल में निकाल लें. अब इसमें चिकन के टुकड़े डालें और अच्छी तरह मिला लें.
3. फिर इसमें शिमला मिर्च, अनन्नास, टमाटर और प्याज़ के टुकड़े डालकर अच्छी तरह मिलाएं और लगभग दो घंटे तक फ्रिज में रखकर इसे मैरिनेट होने दें. सीक़ों में इन्हें चिकन, शिमला मिर्च, अनन्नास, टमाटर और प्याज़ इस क्रम में पिरो दें. बचे हुए मैरिनेड को ऊपर से लगाने के लिए अलग रख दें.
4. एक नॉन-स्टिक तवा गरम करें. इस पर सीक़ें रखें और दस से बारह मिनट तक या चिकन के पक जाने तक पकाएं. पकाते समय इन पर बचा हुआ मैरिनेड लगाते रहें. गरमागरम सर्व करें.

चिकन साटे

4 मध्यम आकार के हड्डी रहित चिकन ब्रेस्ट्स, चमड़ी निकाली हुई
2 बड़ा चम्मच नींबू का रस
1 बड़ा चम्मच डार्क सोया सॉस
1 छोटा चम्मच तेल
1 छोटा चम्मच लाल मिर्च पाउडर
नमक स्वादानुसार

पीनट सॉस

¼ कप भुनी हुई मूंगफली, दरदरी पीसी हुई
1 छोटा प्याज़, कद्दूकस किया हुआ
4 लहसुन की कलियां, कटी हुई
1 छोटा चम्मच तेल
½ छोटा चम्मच लाल मिर्च पाउडर
1 बड़ा चम्मच डार्क सोया सॉस
3 बड़े चम्मच टोमैटो प्यूरी
2 छोटे चम्मच शहद
नमक स्वादानुसार

1. चिकन ब्रेस्ट्स की आधा इंच चौड़ी पट्टियां काट लें. पट्टियों को थोड़ा-सा चपटा करें.
2. एक बाउल में नींबू के रस, सोया सॉस, तेल, लाल मिर्च पाउडर और नमक को मिला लें. इसमें चिकन की पट्टियां डालें और अच्छी तरह मिलाकर एक घंटे तक मैरिनेट होने के लिए अलग रख दें.

3. चिकन की पट्टियों को लकड़ी की सीक़ों में पिरोएं.
4. एक चपटा नॉन-स्टिक तवा गरम करें. इस पर थोड़ा-सा तेल डालें और फिर सीक़ों को इस पर रख दें. सीक़ों को तेज़ आंच पर लगातार पलटते हुए तीन से चार मिनट तक या लगभग पक जाने तक पकाएं.
5. या फिर आप इन्हें पहले से गरम किए हुए ग्रिल में दस से बारह मिनट तक या लगभग पकने तक पकाएं. पकाते समय इन्हें बीच में दो-तीन बार पलटें.
6. पीनट सॉस बनाने के लिए एक नॉन-स्टिक पैन में तेल गरम करें. इसमें कद्दूकस किया हुआ प्याज़ और कटी हुई लहसुन डालें. इसे तेज आंच पर लगातार चलाते हुए लगभग आधे मिनट तक पकाएं.
7. अब इसमें लाल मिर्च पाउडर, डार्क सोया सॉस, टोमैटो प्यूरी, शहद, दरदरी पीसी मूंगफली, नमक और एक कप पानी डालें.
8. सॉस में एक उबाल आने दें और फिर पांच मिनट तक इसे धीमी आंच पर उबालें. इसे बीच-बीच में हिलाते रहें.
9. चिकन साटे को पीनट सॉस के साथ सर्व करें.

शेफ का सुझाव : लकड़ी की सीक़ों को लगभग आधे घंटे तक पानी में भिगोकर रखें ताकि कबाब पकाते समय सीक़ जले नहीं. जब आप ग्रिलिंग कर रहे हों या खुली आंच पर कबाब पका रहे हों तब यह एहतियात बरतना बेहद ज़रूरी है.

ख़ास सीक़

8 साटे स्टिक्स

½ कप कद्दूकस किया हुआ पनीर

1½ छोटे चम्मच छोटी इलायची का पाउडर

1 बड़ा चम्मच गरम मसाला

1 बड़ा चम्मच कटा हुआ ताज़ा पुदीना

600 ग्राम चिकन का कीमा

1 अंडा

1½ छोटे चम्मच नमक

1 छोटा चम्मच सफ़ेद मिर्च पाउडर

2 हरी मिर्चें, कटी हुई

2 बड़े चम्मच तेल

1. साटे स्टिक्स को दो कप पानी में तीस मिनट तक भिगोकर रखें. निथारें और फिर सुखा लें.
2. एक बड़ा व गहरा बाउल लें और उसमें पनीर, पौन चम्मच छोटी इलायची का पाउडर, आधा बड़ा चम्मच गरम मसाले और पुदीने की पत्तियों को मिला लें. इसे हाथों से मसलते हुए अच्छी तरह मिला लें. इस मिश्रण के आठ बराबर भाग कर लें. मिश्रण का एक भाग लें और उसे साटे स्टिक के चारों ओर एक पतली परत में लगा दें. किनारों को अच्छी तरह से बंद कर दें.

3. एक दूसरा बाउल लें और उसमें चिकन का कीमा डालें. अंडा तोड़ें और उसे चिकन के कीमे पर डाल दें. फिर इसमें नमक, बचा हुआ इलायची पाउडर, काली मिर्च पाउडर, बचा हुआ गरम मसाला और हरी मिर्चें डालकर अच्छी तरह मिला लें. मिश्रण के आठ बराबर भाग कर लें.
4. मिश्रण का एक भाग लें और साटे स्टिक पर लगे पनीर के मिश्रण पर फैलाते हुए लगा दें. आप चाहें तो पकाने से पहले इन्हें एक घंटे तक फ्रिज में रख सकते हैं.
5. एक शैलो नॉन-स्टिक फ्राइंग पैन में मध्यम आंच पर दो बड़े चम्मच तेल गरम करें. सीक़ों को पैन में रखें और लगातार पलटते हुए इन्हें पकाएं ताकि वे सब तरफ से समान रूप से पक सकें. इन्हें सुनहरी भूरी होने तक पकाएं.
6. निकालकर तेल सोखने वाले कागज़ पर रखें. जब ये थोड़े से ठंडे हो जाएं तब कबाब को साटे स्टिक्स पर से हल्के हाथों से निकाल लें. इन्हें सर्विंग प्लेट में रखें और तुरंत सर्व करें.

कस्तूरी कबाब

500 ग्राम चिकन का कीमा
1½ बड़े चम्मच अदरक-लहसुन पेस्ट
1½ बड़े चम्मच नींबू का रस
नमक स्वादानुसार
थोड़े से केसर के रेशे
1 बड़ा चम्मच दूध
2 बड़े चम्मच मक्खन
6 बड़े चम्मच बेसन
5 बड़े चम्मच ब्रेडक्रम्ब्स्
1 छोटा चम्मच सफ़ेद मिर्च पाउडर
1 छोटा चम्मच छोटी इलायची पाउडर
4 बड़े चम्मच कटा हुआ ताज़ा हरा धनिया
½ छोटा चम्मच लाल मिर्च पाउडर
2 अंडे, फेंटे हुए
½ छोटा चम्मच शाही जीरा
तेल, शैलो-फ्राय करने के लिए
1 छोटा चम्मच चाट मसाला

1. चिकन के कीमे को अदरक-लहसुन पेस्ट, नींबू के रस और नमक के मिश्रण में पंद्रह मिनट तक मैरिनेट करें. केसर को दूध में भिगो दें. एक नॉन-स्टिक पैन में एक बड़ा चम्मच मक्खन गरम करें. इसमें बेसन डालें और मध्यम आंच पर इसे सुनहरा भूरा होने और खुशबू उठने तक भूनें. इसमें से तीन बड़े चम्मच बेसन को अलग रख दें.

2. बचे हुए बेसन में ब्रेडक्रम्ब्स्, सफ़ेद मिर्च पाउडर, इलायची पाउडर, कटा हुआ हरा धनिया, नमक और लाल मिर्च पाउडर मिला दें. फिर इसे मैरिनेट किए हुए चिकन के मिश्रण में डालें और अच्छी तरह मिला लें. तैयार मिश्रण की टिक्कियां बना लें. एक बाउल में अंडा, शाही जीरा, नमक, केसर युक्त दूध और अलग रखा बेसन मिला लें.
3. एक नॉन-स्टिक पैन में पर्याप्त मात्रा में तेल गरम करें. टिक्कियों को अंडे के घोल में डुबोएं और फिर सुनहरे भूरे होने तक इन्हें तेल में शैलो-फ्राय कर लें. तैयार कबाब पर चाट मसाला बुरकें और हरी चटनी (पृष्ठ क्र. 7) के साथ गरमागरम सर्व करें.

शिकमपुरी कबाब

250 ग्राम मटन का कीमा

8 छोटे चम्मच तेल + तलने के लिए

1½ मध्यम आकार के प्याज़, फांकें की हुई

2 बड़े चम्मच देसी घी

½ छोटा चम्मच शाही जीरा

2 सूखी लाल मिर्चें, तोड़ी हुई

½ इंच अदरक, मोटा कटा हुआ

5 लहसुन की क़लियां, मोटी कटी हुई

1 बड़ा चम्मच चने की दाल, ½ घंटा पानी में भिगोयी हुई

5 बड़े चम्मच पुदीने की ताज़ी पत्तियां

5 बड़े चम्मच कटा हुआ ताज़ा हरा धनिया

½ बड़ा चम्मच नींबू का रस

1 छोटा चम्मच नमक

1 अंडा, फेंटा हुआ

भरावन

1 कप दही

1 हरी मिर्च, कटी हुई

1 बड़ा प्याज़, कटा हुआ

2 बड़े चम्मच कटा हुआ ताज़ा पुदीना

½ छोटा चम्मच नमक

½ छोटा चम्मच भुना हुआ जीरा

1. मटन के कीमे को बहते पानी के नीचे धोएं और फिर कोलेंडर (छलनी) में रखकर निथार लें.
2. एक नॉन-स्टिक कड़ाही में पर्याप्त मात्रा में तेल गरम करें. इसमें प्याज़ डालें और उन्हें भूरे होने तक तल लें. निकालकर तेल सोखने वाले कागज़ पर रखें.
3. नॉन-स्टिक पैन को मध्यम आंच पर गरम करें. इसमें घी डालें. शाही जीरा, लाल मिर्चें, अदरक और लहसुन डालकर एक मिनट तक भूनें. मटन का कीमा डालकर बीच-बीच में चलाते हुए पांच मिनट तक भूनें.
4. चने की दाल निथारें और उसे पैन में डालें. अच्छी तरह मिलाएं और एक मिनट तक भूनें. हरा धनिया और पुदीना डालकर फिर से मिलाएं.
5. पांच मिनट तक पकाएं. आंच पर से उतारकर ठंडा होने के लिए एक तरफ रख दें. ठंडा होने के बाद इसे मिक्सर के पॉट में निकाल लें. इसमें तले हुए प्याज़, नींबू का रस और नमक डालकर पीसें और दरदरी पेस्ट बना लें.

6. इस पेस्ट को एक बाउल में निकाल लें. मटन के इस मिश्रण के आठ बराबर भाग कर लें.
7. भरावन बनाने के लिए दही को मलमल के कपड़े में बांधकर एक घंटे तक लटकाकर रखें ताकि सारा पानी निकल जाए.
8. अब इसे एक बाउल में निकाल लें. फिर इसमें मिर्च, प्याज़, पुदीने की पत्तियां, नमक और भुना हुआ जीरा डालें और अच्छी तरह मिला लें. इस मिश्रण के आठ बराबर भाग कर लें.
9. मटन के मिश्रण का एक हिस्सा अपनी हथेली पर रखें और उसे चपटा कर लें. अब इसके बीच में दही के मिश्रण का एक भाग रखें. किनारों को मिलाते हुए मटन के मिश्रण की गोल डिस्क बना लें और उसे हल्की-सी चपटी कर लें.
10. एक नॉन-स्टिक फ्राइंग पैन को मध्यम आंच पर गरम करें. इसमें दो छोटे चम्मच तेल डालें. मटन की दो टिक्कियों को अंडे के घोल में डुबोएं और फिर उन्हें फ्राइंग पैन पर रख दें. इन्हें पलटते हुए तीन से चार मिनट तक या दोनों तरफ से पककर हल्की भूरी होने तक पकाएं.
11. निकालकर तेल सोखने वाले कागज़ पर रखें. बची हुई टिक्कियों को भी इसी तरह शैलो-फ्राय कर लें. तैयार कबाब को प्याज़ के छल्लों और हरी चटनी (पृष्ठ क्र. 7) के साथ गरमागरम सर्व करें.

टंगड़ी कबाब

चिकन ड्रमस्टिक्स

8 (500 ग्राम) चिकन ड्रमस्टिक्स हड्डी सहित

½ बड़ा चम्मच नींबू का रस

2 बड़े चम्मच बेसन

1 कप पानी निकाला हुआ दही (चक्का)

2 छोटे चम्मच अदरक पेस्ट

2 छोटे चम्मच लहसुन पेस्ट

1 छोटा चम्मच हल्दी पाउडर

1 छोटा चम्मच गरम मसाला

1 छोटा चम्मच लाल मिर्च पाउडर

½ छोटा चम्मच नमक

4 हरी मिर्चें, कटी हुई

2 बड़े चम्मच पिघला हुआ मक्खन, लगाने के लिए

1 छोटा चम्मच चाट मसाला

1 नींबू, फांकें की हुई

1. ड्रमस्टिक्स पर से अतिरिक्त चमड़ी व वसा निकालकर उन्हें साफ कर लें.
2. उन्हें अच्छी तरह से धोएं और किचन टॉवेल से पोंछकर सुखा लें. प्रत्येक ड्रमस्टिक पर तीन से चार लंबे चीरे लगा लें. इन पर नींबू का रस लगाएं और आधे घंटे के लिए एक तरफ रख दें. फ्रिज में रखेंगे तो ज़्यादा अच्छा रहेगा.

3. मध्यम आकार के नॉन-स्टिक पैन को धीमी आंच पर गरम करें. इसमें बेसन डालें और धीमी आंच पर लगातार चलाते हुए चार से पांच मिनट तक या हल्का भूरा होकर खुशबू उठने तक भूनें.
4. इसे ठंडा होने दें. ठंडा होने के बाद इसे एक गहरे बाउल में निकाल लें. इसमें पानी निकाला हुआ दही, अदरक पेस्ट, लहसुन पेस्ट, हल्दी पाउडर, गरम मसाला, लाल मिर्च पाउडर, आधा छोटा चम्मच नमक और हरी मिर्चें डालकर मिला लें.
5. अब इसमें चिकन ड्रमस्टिक्स डालें और अच्छी तरह मिला लें ताकि ड्रमस्टिक्स पर बेसन का मिश्रण अच्छी तरह से चिपक जाए. बाउल को ढककर एक से दो घंटे तक मैरिनेट होने के लिए फ्रिज में रख दें.
6. अवन को 220^{0}C/425^{0}F/गैस मार्क 7 पर पहले से ही गरम कर लें.
7. धातु की सीक़ों में मैरिनेटेड चिकन ड्रमस्टिक्स पिरो दें. इन्हें पहले से गरम किए हुए अवन में पांच मिनट तक बेक करें.
8. पांच मिनट बाद अवन का तापमान कम करके 200^{0}C/400^{0}F/गैस मार्क 6 कर दें. अब इस तापमान पर ड्रमस्टिक्स को और पंद्रह से बीस मिनट तक पकाएं. हर पांच मिनट बाद ड्रमस्टिक्स पर ब्रश से मक्खन लगाएं और उन्हें घुमाते रहें ताकि ड्रमस्टिक्स सब तरफ से समान रूप से पक सके.
9. ड्रमस्टिक्स को अवन में से बाहर निकालें. फिर हल्के हाथों से सीक़ों पर से निकाल लें. चाट मसाला बुरकें और नींबू का रस छिड़ककर गरमागरम कबाब तुरंत सर्व करें.

पत्थर कबाब

800 ग्राम हड्डी रहित मटन, 1½ इंच के टुकड़ों में कटा हुआ

2 इंच अदरक

10 लहसुन की कलियां

5 हरी मिर्चें

3 इंच कच्चे पपीते का टुकड़ा

4 बड़े चम्मच तेल + तलने के लिए

2 मध्यम आकार के प्याज़, फांकें की हुई

2 बड़े चम्मच दही

1 छोटा चम्मच काली मिर्च पाउडर

1 छोटा चम्मच छोटी इलायची का पाउडर

1 छोटा चम्मच गरम मसाला

1 छोटा चम्मच पत्थर फूल का पाउडर

1 बड़ा चम्मच माल्ट विनेगर

नमक स्वादानुसार

तेल या घी, लगाने के लिए

1. मटन के टुकड़ों को स्टिक हैमर या चाकू की पिछली बाजू से पीटकर उनके पाव इंच मोटे टुकड़े बना लें. अदरक, लहसुन, हरी मिर्च और कच्चे पपीते के टुकड़ों को पीसकर उसकी महीन पेस्ट बना लें.
2. नॉन-स्टिक कड़ाही में तेल गरम करें और उसमें प्याज़ की फांकों को भूरी होने तक तल लें. निकालकर तेल सोखने वाले कागज़ पर रखें. ठंडे होने के बाद दही के साथ पीसकर इनकी चिकनी पेस्ट बना लें.

3. एक बाउल लेकर उसमें मसालों की पेस्ट, प्याज़ और दही की पेस्ट, काली मिर्च पाउडर, इलायची पाउडर, गरम मसाला, पत्थर फूल पाउडर, माल्ट विनेगर, नमक और चार बड़े चम्मच तेल मिला लें. इस मिश्रण को मटन के टुकड़ों पर अच्छी तरह लगा दें और फिर मटन के टुकड़ों को मैरिनेट होने के लिए तीन से चार घंटों तक फ्रिज में रख दें.
4. खुरदुरे ग्रेनाइट या कड़प्पा की डेढ़ फीट लंबी, एक फीट चौड़ी और दो इंच मोटी चपटी सिल्ली (पटिया) लें. इसे अच्छी तरह से धो लें और फिर इसे दो ईंटों से बने चूल्हे पर रख दें. पत्थर की इस पटिया के नीचे कोयले जलाएं और पटिये को अच्छी तरह गरम कर लें.
5. जब पटिया बहुत गरम हो जाए तब इस पर थोड़ा-सा तेल डालें. फिर इस पर नमक छिड़कें और साफ कपड़े से इसे पोंछ लें. अब यह इस्तेमाल के लिए तैयार है. पटिये की सतह पर थोड़ा-सा तेल या घी छिड़कें और फिर इस पर मैरिनेट किए हुए मटन के टुकड़े रखें.
6. थोड़ी-थोड़ी देर में मटन के टुकड़ों को पलटते रहें और ब्रश से उन पर तेल लगाते रहें. जब वे अच्छी तरह से पक जाएं तब उन्हें पटिये पर से निकाल लें. या फिर आप मटन के टुकड़ों को नॉन-स्टिक तवे पर गैस की आंच पर भी पका सकते हैं. कबाब को गरमागरम तंदूरी रोटी और कचूमर (पृष्ठ क्र. 95) के साथ सर्व करें.

बोटी कबाब

½ किलो हड्डी रहित मटन, 1 इंच के चौकोर टुकड़ों में कटा हुआ

2 बड़े चम्मच कच्चे पपीते की पेस्ट

1 बड़ा चम्मच अदरक पेस्ट

1 बड़ा चम्मच लहसुन पेस्ट

½ छोटा चम्मच हरी मिर्च की पेस्ट

½ छोटा चम्मच लाल मिर्च पाउडर

¼ छोटा चम्मच गरम मसाला

नमक स्वादानुसार

¼ कप पिघला हुआ मक्खन

1. एक बाउल लें और उसमें पपीते की पेस्ट, अदरक पेस्ट, लहसुन पेस्ट, हरी मिर्च की पेस्ट, लाल मिर्च पाउडर, गरम मसाला और नमक मिला लें. इस मैरिनेड को मटन के टुकड़ों पर अच्छी तरह लगा दें. टुकड़ों को मैरिनेट होने के लिए तीन से चार घंटे तक फ्रिज में रख दें.
2. मैरिनेट किए हुए मटन के टुकड़ों को एक कप पानी डालकर प्रेशर कुकर में चार सीटी होने तक या आधा पक जाने तक पकाएं. ढक्कन खोलें और यदि रसा हो तो उसे पूरी तरह सूख जाने तक पकाएं. मटन के टुकड़ों को प्रेशर कुकर में से निकालें और एक तरफ रख दें.
3. ग्रिल गरम करें और उस पर मटन के टुकड़ों को पूरी तरह पक जाने तक पकाएं. मटन के टुकड़ों पर बीच-बीच में ब्रश से मक्खन लगाते रहें ताकि टुकड़े सूखें नहीं. पकने के बाद मटन के टुकड़ों को प्लेट में निकाल लें और प्याज़ के छल्लों और पुदीने की चटनी (पृष्ठ क्र. 95) के साथ सर्व करें.

शामी कबाब

600 ग्राम हड्डी रहित मटन

½ कप चने की दाल

2 मध्यम आकार के प्याज़, कटे हुए

2 बड़े चम्मच कटा हुआ ताज़ा हरा धनिया

2 बड़े चम्मच कटा हुआ ताज़ा पुदीना

2 छोटे चम्मच नींबू का रस

3 बड़े चम्मच तेल + शैलो-फ्राय करने के लिए

½ छोटा चम्मच जीरा

1 छोटा चम्मच धनिया

5-6 काली मिर्चें

3-4 बड़ी इलायची

2 इंच अदरक, बारीक कटा हुआ

10-12 लहसुन की कलियां, बारीक कटी हुई

1 छोटा चम्मच लाल मिर्च पाउडर

1 छोटा चम्मच गरम मसाला

½ छोटा चम्मच जावित्री पाउडर

½ छोटा चम्मच छोटी इलायची पाउडर

नमक स्वादानुसार

2 मध्यम आकार के प्याज़, छल्लों में कटे हुए

1. चने की दाल को कम से कम तीन घंटे तक भिगोकर रखें.
2. भरावन बनाने के लिए एक बाउल में प्याज़, हरे धनिये, पुदीने और नींबू के रस को मिला लें. इसके सोलह समान भाग कर लें और एक तरफ रख दें.

3. प्रेशर कुकर में दो बड़े चम्मच तेल गरम करें. इसमें जीरा, धनिया, काली मिर्च और बड़ी इलायची डालकर मध्यम आंच पर आधे मिनट तक भूनें. फिर इसमें अदरक, लहसुन और लाल मिर्च पाउडर डालकर थोड़ी देर और भूनें.
4. मटन और भिगोयी हुई चना दाल डालकर अच्छी तरह मिला लें. दो कप पानी डालें और एक उबाल लाएं. कुकर पर ढक्कन लगा दें और लगभग पच्चीस मिनट तक या छह सीटी होने तक पकने दें. प्रेशर निकल जाने के बाद ढक्कन निकाल दें. अब तेज आंच पर लगातार चलाते हुए मिश्रण को पूरी तरह से सूख जाने तक पकाएं.
5. आंच पर से उतारकर ठंडा होने के लिए अलग रख दें. ठंडा होने के बाद मिक्सर में पीस कर इसे चिकना कर लें.
6. फिर इसमें गरम मसाला पाउडर, जावित्री, छोटी इलायची पाउडर और नमक डालकर अच्छी तरह मिला लें.
7. मिश्रण के सोलह समान भाग कर लें. प्रत्येक भाग को हथेली पर रखकर चपटा करें और उसके बीच में प्याज़ के भरावन का एक हिस्सा रखें. किनारों को मिलाते हुए उसका गोला बना लें और फिर हल्का-सा चपटा कर लें.
8. एक नॉन-स्टिक फ्राइंग पैन में तेल गरम करें. इसमें कबाब को सुनहरा होने तक शैलो-फ्राय करें. निकालकर तेल सोखने वाले कागज़ पर रखें. प्याज़ के छल्लों और पुदीने की चटनी (पृष्ठ क्र. 95) के साथ गरमागरम कबाब सर्व करें.

शेफ का सुझाव : यदि पकाने के बाद भी मटन का मिश्रण बहुत गीला लग रहा हो तो इसमें थोड़ा-सा भुना हुआ बेसन या भुनी हुई चना दाल का पाउडर डालें.

दम के कबाब

450 ग्राम मटन का कीमा
½ बड़ा चम्मच कच्चे पपीते की पेस्ट
तेल, तलने के लिए
2 मध्यम आकार के प्याज़, फांकें किए हुए
1 इंच दालचीनी
4 छोटी इलायची
3 लौंग
½ छोटा चम्मच कबाबचीनी
1 छोटा चम्मच मगज़
½ छोटा चम्मच खसखस
3 सूखी लाल मिर्चें, टुकड़ों में तोड़ी हुई
½ छोटा चम्मच शाही जीरा
3 हरी मिर्चें

2 बड़े चम्मच कटा हुआ ताज़ा हरा धनिया
4 लहसुन की कलियां
½ इंच अदरक
1½ छोटे चम्मच बेसन
1 बड़ा चम्मच नींबू का रस
नमक स्वादानुसार
½ कप दही, फेंटा हुआ
½ छोटा चम्मच लाल मिर्च पाउडर
¼ छोटा चम्मच गरम मसाला
1½ बड़ा चम्मच देसी घी
1 मध्यम आकार का प्याज़, छल्लों में कटा हुआ
पुदीने की ताज़ी पत्तियां
1 नींबू, फांकें किया हुआ

1. मटन के कीमे में कच्चे पपीते की पेस्ट मिलाएं और पंद्रह मिनट तक मैरिनेट होने के लिए अलग रख दें. फिर इसे चिकना होने तक पीसें.
2. एक नॉन–स्टिक कड़ाही में पर्याप्त मात्रा में तेल गरम करें. इसमें प्याज़ को सुनहरा होने तक तलें. निकाल कर तेल सोखने वाले कागज़ पर रखें. दालचीनी, इलायची, लौंग और कबाबचीनी को खुशबू उठने तक सूखा ही भून लें. इसे ठंडा करें. ठंडा होने के बाद इनका बारीक पाउडर बना लें.
3. मगज़, खसखस, लाल मिर्च और शाही जीरे को खुशबू उठने तक अलग–अलग सूखा ही भून लें. इन मसालों को हरी मिर्च, ताज़े हरे धनिये, अदरक और लहसुन के साथ पीसकर चिकनी पेस्ट बना लें. बेसन को धीमी आंच पर खुशबू उठने तक भून लें. अब मसालों का पाउडर, मसालों की पेस्ट और भुने हुए बेसन को मटन के कीमे के साथ चिकना होने तक पीस लें. इसे एक बड़े और गहरे बाउल में निकाल लें.
4. इसमें नींबू का रस और नमक मिलाएं. बाउल को क्लिंग फिल्म से बंद कर दें और मिश्रण को आधे घंटे के लिए फ्रिज में रख दें.
5. अवन को 220^{0}C/425^{0}F/गैस मार्क 7 पर पहले से ही गरम कर लें. दही में लाल मिर्च पाउडर और गरम मसाला डालें और उसे अच्छी तरह फेंट लें.
6. मटन के ठंडे मिश्रण के चौबीस बराबर भाग कर लें और उसके गोले बना लें. हथेलियों पर थोड़ा–सा तेल लगाएं और फिर इन गोलों के सॉसेजेस बना लें. इन सॉसेजेस को चिकनाई लगे ट्रे पर जमाएं और एक तरफ रख दें.
7. प्रत्येक कबाब पर चम्मच भर दही का मिश्रण डालें. इसे अवन में बीस मिनट तक पकाएं. हर पांच मिनट में कबाब पर ब्रश से घी लगाते रहें.
8. अवन में से निकालें और गरमागरम कबाब को प्याज़ के छल्लों, पुदीने की पत्तियों और नींबू की फांकों से सजाकर तुरंत सर्व करें.

सीक़ कबाब

500 ग्राम मटन का कीमा

50 ग्राम मटन की चर्बी

1 मध्यम आकार का प्याज़, कटा हुआ

6 हरी मिर्चें, कटी हुई

2 बड़े चम्मच कटा हुआ ताज़ा हरा धनिया

1 बड़ा चम्मच लहसुन पेस्ट

1 बड़ा चम्मच अदरक पेस्ट

1 छोटा चम्मच भुने हुए जीरे का पाउडर

½ छोटा चम्मच गरम मसाला

1 बड़ा चम्मच कश्मीरी लाल मिर्च पाउडर

नमक स्वादानुसार

तेल या मक्खन लगाने के लिए

2 बड़े चम्मच चाट मसाला

2 नींबू, सर्व करने के लिए

1. अवन को 240°C/475°F/गैस मार्क 9 पर पहले से ही गरम कर लें.
2. मटन के कीमे, मटन की चर्बी, प्याज़, हरी मिर्च और हरे धनिये को एक साथ चिकना होने तक पीस लें. अब तेल को छोड़कर बाकी बची सारी सामग्री मटन के मिश्रण में डालें और अच्छी तरह मिला लें. मिश्रण के बारह बराबर भाग कर लें. गीले हाथों से मटन के मिश्रण के प्रत्येक भाग को सीक़ पर लगा दें और कबाब का आकार दे दें.
3. कबाब को पहले से गरम किए हुए अवन में या गरम तंदूर में लगभग पकने तक पकाएं.

4. तेल या मक्खन लगाएं और पूरी तरह पकने तक पकाएं. फिर इस पर थोड़ा-सा चाट मसाला छिड़कें और नींबू का रस डालें. गरमागरम सीक़ कबाब को पुदीने की चटनी (पृष्ठ क्र. 95) के साथ सर्व करें.

शेफ का सुझाव : कबाब को बहुत ज़्यादा न पकाएं. वे नरम और रसीले होने चाहिए. ज़्यादा पकाने पर वे सूख जाएंगे.

पसंदा कबाब

750 ग्राम हड्डी रहित मटन, 1½ इंच के चौकोर टुकड़ों में कटा हुआ

पिघला हुआ मक्खन, लगाने के लिए

पहला मैरिनेड

½ छोटा कच्चा पपीता, पीसा हुआ

नमक स्वादानुसार

½ बड़ा चम्मच सफ़ेद मिर्च पाउडर

1 बड़ा चम्मच अदरक पेस्ट

1 बड़ा चम्मच लहसुन पेस्ट

दूसरा मैरिनेड

150 ग्राम पनीर, कद्दूकस किया हुआ

2 बड़े चम्मच बेसन

1 अंडे की सफ़ेदी (सफ़ेद भाग)

½ कप क्रीम

1 बड़ा चम्मच काजू की पेस्ट

½ बड़ा चम्मच सफ़ेद मिर्च पाउडर

½ छोटा चम्मच छोटी इलायची का पाउडर

4 हरी मिर्चें, बारीक कटी हुई

1. मटन के टुकड़ों को धोएं और पोंछकर सुखा लें. चाकू की पिछली बाजू से पीटकर उन्हें थोड़ा चपटा कर लें.
2. पहला मैरिनेड बनाने के लिए एक बाउल में कच्चे पपीते की पेस्ट, नमक, सफ़ेद मिर्च पाउडर, अदरक पेस्ट और लहसुन पेस्ट को अच्छी तरह मिला लें.
3. तैयार मैरिनेड को मटन के टुकड़ों पर लगाएं और फिर इन टुकड़ों को लगभग एक घंटे तक फ्रिज में रख दें.
4. दूसरा मैरिनेड बनाने के लिए एक बाउल में कद्दूकस किए हुए पनीर, बेसन और अंडे की सफ़ेदी को मिला लें. इसमें धीरे-धीरे करके क्रीम डालें और तब तक मिलाते रहें जब तक कि क्रीम अच्छी तरह से मिक्स न हो जाए.
5. फिर इसमें काजू की पेस्ट, सफ़ेद मिर्च पाउडर, इलायची पाउडर और हरी मिर्चें डालें. इस मैरिनेड में मटन के टुकड़ों को कम से कम पांच से छह घंटों तक मैरिनेट करें. फ्रिज में रखेंगे तो बेहतर रहेगा.
6. अवन को 240°C/475°F/गैस मार्क 9 पर पहले से ही गरम कर लें.
7. मैरिनेट किए हुए मटन के टुकड़ों को सीखों में पिरोएं. इन्हें पहले से गरम किए हुए अवन में या मध्यम गरम तंदूर में आठ से दस मिनट तक पकाएं. फिर इन पर ब्रश से पिघला हुआ मक्खन लगाएं और एक बार फिर से अवन या तंदूर में तीन से चार मिनट तक पकाएं.
8. पुदीने की चटनी (पृष्ठ क्र. 95) और कचूमर (पृष्ठ क्र. 95) के साथ गरमागरम सर्व करें.

मटन शामी कबाब

250 ग्राम मटन का कीमा
8 छोटे चम्मच तेल + तलने के लिए
1½ मध्यम आकार के प्याज़, कटे हुए
2 बड़े चम्मच देसी घी
½ छोटा चम्मच शाही जीरा
2 सूखी लाल मिर्चें, तोड़ी हुई
½ इंच अदरक, मोटा कटा हुआ
5 लहसुन की कलियां, मोटी कटी हुई
1 बड़ा चम्मच चने की दाल, ½ घंटा भिगोयी हुई
5 बड़े चम्मच कटा हुआ ताज़ा पुदीना
5 बड़े चम्मच कटा हुआ ताज़ा हरा धनिया
½ बड़ा चम्मच नींबू का रस
नमक स्वादानुसार
1 अंडा, फेंटा हुआ

1. एक नॉन-स्टिक कड़ाही में पर्याप्त मात्रा में तेल गरम करें और उसमें प्याज़ को भूरे होने तक तलें. निकालकर तेल सोखने वाले कागज़ पर रखें.
2. एक नॉन-स्टिक पैन में घी गरम करें. इसमें शाही जीरा, लाल मिर्चें, अदरक और लहसुन डालकर एक मिनट तक भूनें.
3. मटन का कीमा डालें और पांच मिनट तक भूनें. इसे बीच-बीच में चलाते रहें.
4. चने की दाल निथारें और पैन में डालें. अच्छी तरह मिलाएं और एक मिनट तक भूनें.

5. कटा हुआ पुदीना और कटा हुआ हरा धनिया डालकर अच्छी तरह मिला लें. पांच मिनट तक पकाएं और ठंडा होने के लिए एक तरफ रख दें.
6. तले हुए प्याज़, नींबू का रस और नमक डालकर इस मिश्रण को दरदरा पीस लें. दरदरे पीसे मिश्रण के आठ बराबर भाग कर लें और फिर इनकी गोल टिकिया बना लें. इन्हें दबाकर थोड़ी-सी चपटी कर लें.
7. एक शैलो नॉन-स्टिक पैन में दो छोटे चम्मच तेल गरम करें. दो कबाबों को अंडे के घोल में डुबोएं और फिर इन्हें पैन में तीन-चार मिनट तक दोनों तरफ से सुनहरा भूरा होने तक शैलो-फ्राय करें.
8. पुदीने की चटनी (पृष्ठ क्र. 95) और प्याज़ के छल्लों के साथ गरमागरम मटन शामी कबाब सर्व करें.

गलौटी कबाब

250 ग्राम मटन का कीमा

20 काजू

5 बड़े चम्मच तेल + तलने के लिए

2 छोटे प्याज़, फांकें किए हुए

एक बड़ी चुटकी केसर

3½ बड़े चम्मच कच्चे पपीते की पेस्ट

2 बड़े चम्मच + 1 छोटा चम्मच घी

⅓ छोटे चम्मच भुने हुए चनों का पाउडर

½ छोटा चम्मच लाल मिर्च पाउडर

1½ छोटे चम्मच नमक

5 बड़े चम्मच देसी घी

4 लौंग

1 टुकड़ा चारकोल (कोयला)

गलौटी मसाला

2 जावित्री के टुकड़े

4 इंच दालचीनी

10 लौंग

चुटकी भर कबाबचीनी

1 ग्राम गुलाब की पंखुड़ियां

13 छोटी इलायची

1. एक नॉन-स्टिक फ्राइंग पैन में एक बड़ा चम्मच तेल गरम करें. इसमें काजू डालें और लगातार चलाते हुए सुनहरे होने तक भूनें. तेल सोखने वाले कागज़ पर निकालकर ठंडे होने के लिए अलग रख दें. ठंडे होने के बाद मिक्सर में इसका पाउडर बना लें. एक नॉन-स्टिक कड़ाही में पर्याप्त मात्रा में तेल गरम करें. इसमें प्याज़ डालें और सुनहरे भूरे होने तक तलें. निकालकर तेल सोखने वाले कागज़ पर रखें. ठंडे होने के बाद मिक्सर में इसकी चिकनी पेस्ट बना लें.
2. गलौटी मसाला बनाने के लिए नॉन-स्टिक पैन को दो मिनट तक मध्यम आंच पर गरम करें. आंच कम करें और फिर पैन में जावित्री, दालचीनी, दस लौंग, कबाबचीनी, गुलाब की पंखुड़ियां और छोटी इलायची डालकर तीस सेकेंड तक भूनें. ठंडा होने के लिए एक तरफ रख दें. ठंडा होने के बाद मिक्सर में इसका बारीक पाउडर बना लें. इसी तरह केसर को भी दस सेकेंड तक भूनें और फिर इसका भी पाउडर बना लें.
3. मटन का कीमा धोएं और उसे कोलेंडर में डालकर निथार लें. मटन के कीमे को मिक्सर के मिन्सर जार में निकाल लें. इसमें काजू का पाउडर, भुने हुए प्याज़ का पेस्ट, कच्चे पपीते की पेस्ट और भुनी हुई चना दाल का पाउडर डालें और सारी सामग्री को अच्छी तरह पीस कर चिकनी पेस्ट बना लें.
4. फिर इसमें लाल मिर्च पाउडर, भूनकर पीसे हुए मसाले, केसर और नमक डालें और एक बार फिर से अच्छी तरह पीस लें. पिसा हुआ मिश्रण एक प्लेट में निकाल लें. हथेली की कोर से इस मिश्रण को दो-तीन बार अच्छी तरह मल लें. इसमें घी डालें. एक छोटा चम्मच घी धुआं बनाने के लिए बचाकर रखें. घी डालकर इसे फिर से दो से तीन मिनट तक या घी के मिश्रण में अच्छी तरह से मिक्स हो जाने तक मल लें.
5. मिश्रण को प्लेट के बीच में इकट्ठा कर लें. मिश्रण में एक गड्ढा बना लें और उसमें स्टेनलेस स्टील की एक छोटी कटोरी रख दें. कोयले को खुली आंच पर लाल हो जाने तक गरम करें और फिर इसे कटोरी में रख दें. इस पर चार

लौंग डालें और बचाकर रखा हुआ घी डालें. प्लेट को तुरंत एल्युमिनियम फॉयल से ढक दें. इसे पंद्रह से बीस मिनट तक ऐसे ही रहने दें.

6. प्लेट पर क्लिंग फिल्म लगा दें और उसे एक घंटे तक ठंडी होने के लिए फ्रिज में रख दें. एक घंटे बाद प्लेट को फ्रिज में से निकालें और मिश्रण के सोलह समान भाग कर लें. इनकी टिकिया बना लें. एक मध्यम आकार का नॉन-स्टिक फ्राइंग पैन मध्यम आंच पर रखें. इसमें चार बड़े चम्मच तेल डालें. इस पर एक बार में चार कबाब रखें. कबाब को पलटते हुए दोनों तरफ से सुनहरे होने तक पकाएं.
7. निकालकर तेल सोखने वाले कागज़ पर रखें और गरमागरम कबाब तुरंत सर्व करें.

कीमा टिक्की कबाब

400 ग्राम मटन का कीमा
100 ग्राम मटन की चर्बी
2 मध्यम आकार के प्याज़, कटे हुए
3-4 हरी मिर्चें, कटी हुई
4 ताज़े हरे धनिये की टहनियां, कटी हुई
1 बड़ा चम्मच लहसुन पेस्ट
1 बड़ा चम्मच अदरक पेस्ट
1 छोटा चम्मच जीरा पाउडर

1 छोटा चम्मच गरम मसाला

2 छोटे चम्मच कश्मीरी मिर्च पाउडर

नमक स्वादानुसार

½ कप तेल

2 छोटे चम्मच चाट मसाला

2 छोटे चम्मच नींबू का रस

1. मेमने के कीमे, मटन की चर्बी, प्याज़, हरी मिर्च और हरे धनिये को दो बार चिकना होने तक पीस लें. इसमें लहसुन पेस्ट, अदरक पेस्ट, जीरा पाउडर, गरम मसाला, लाल मिर्च पाउडर और स्वादानुसार नमक मिलाएं.
2. कीमे के मिश्रण के सोलह बराबर भाग कर लें. इनकी एक इंच गोल और आधा इंच मोटी टिकिया बना लें और इन्हें बेकिंग ट्रे पर रख दें. इन्हें पंद्रह से बीस मिनट तक ग्रिल करें. टिक्कियों को पलटते रहें और हर पांच मिनट में इन पर ब्रश से तेल लगाते रहें. इन्हें भूरी होने तक पकाएं.
3. चाट मसाला बुरकें और नींबू का रस छिड़ककर गरमागरम कबाब सर्व करें.

शेफ का सुझाव : मुलायम और रसीले कबाब बनाने के लिए मटन के कीमे में थोड़ी-सी कच्चे पपीते की पेस्ट या अनन्नास की पेस्ट मिलाएं.

सहायक व्यंजन

अनन्नास की चटनी

मध्यम आकार का अनन्नास छीलें और उसके छोटे टुकड़े कर लें. इन्हें एक भारी पेंदे के पैन में डालें. इसमें 1 छोटा चम्मच अदरक पेस्ट डालें और अच्छी तरह मिलाते हुए पांच मिनट तक पकाएं. 1 बड़ा चम्मच शक्कर और 2 बड़े चम्मच किशमिश डालकर पकाएं. फिर इसमें ½ छोटा चम्मच भुनी हुई पांच फोडण पाउडर, ½ छोटा चम्मच कुचली हुई लाल मिर्चें और स्वादानुसार नमक डालें. ½ कप पानी डालें और 5 मिनट तक धीमी आंच पर पकाएं. ½ छोटा चम्मच भुनी हुई पांच फोडण पाउडर डालें और सर्व करें.

नोट : ¼ छोटे चम्मच राई, ¼ छोटे चम्मच जीरा, ¼ छोटे चम्मच मेथी दाने, ¼ छोटे चम्मच सौंफ और ¼ छोटे चम्मच कलौंजी के मिश्रण को पांच फोडण कहते हैं.

पुदीना चटनी

5 कप पुदीने की पत्तियों को 3 कप हरे धनिये, 10 हरी मिर्चों, 3 प्याज़ और 3 इंच अदरक के साथ पीसकर चिकनी पेस्ट बना लें. आवश्यक हो तो थोड़ा पानी डालें. इसमें 1 बड़ा चम्मच नींबू का रस, नमक और स्वादानुसार अनारदाना पाउडर डालें और अच्छी तरह मिला लें.

कचूमर

1 मध्यम आकार का टमाटर, 1 मध्यम आकार की ककड़ी, 1 मध्यम आकार की हरी शिमला मिर्च, ½ मध्यम आकार की मूली और 1 मध्यम आकार की गाजर के ½ इंच छोटे टुकड़े कर लें. सारी सब्ज़ियों को एक बाउल में मिला लें फिर इसमें एक कटा हुआ प्याज़, 2 कटी हुई हरी मिर्चें, 2 बड़े चम्मच कटा हुआ ताज़ा हरा धनिया, 1 बड़ा चम्मच नींबू का रस और स्वादानुसार नमक डालें. अच्छी तरह से उछालते हुए मिला लें. इसे एक सलाद बाउल में निकालें और ठंडा करके सर्व करें.

शब्दावली

English	हिन्दी	English	हिन्दी
Allspice	कबाबचीनी	Mace	जावित्री
Baby corn	बेबीकॉर्न	Mushroom	खुंब
Bengal gram, split	चना दाल	Nutmeg	जायफल
Bengal gram, split, roasted	डालिया	Olives	जैतून
Caraway seeds	शाही जीरा	Peppercorns	काली मिर्च
Cardamoms, black	बड़ी इलायची	Pomegranate seeds, dried	अनारदाना
Cardamoms, green	छोटी इलायची	Poppy seeds	खसखस
Carom seeds	अजवाइन	Refined flour	मैदा
Chilli, fresh red	ताज़ी लाल मिर्च	Saffron	केसर
Cinnamon	दालचीनी	Sandalwood	चंदन
Coriander seeds	साबुत धनिया	Screw pine	केवड़ा
Cudpahnut	चिरोंजी	Shallots	छोटे प्याज़
Dried fenugreek leaves	कसूरी मेथी	Turmeric powder	हल्दी
Dried mango powder	आमचूर	Vinegar	सिरका
French beans	फरसी	Yam	सूरण
Lichen/stone flower	पत्थर फूल	Yogurt	दही